aiden 2025＼2026

PLACE *New York*

에이든 뉴욕 여행지도

타블라라사

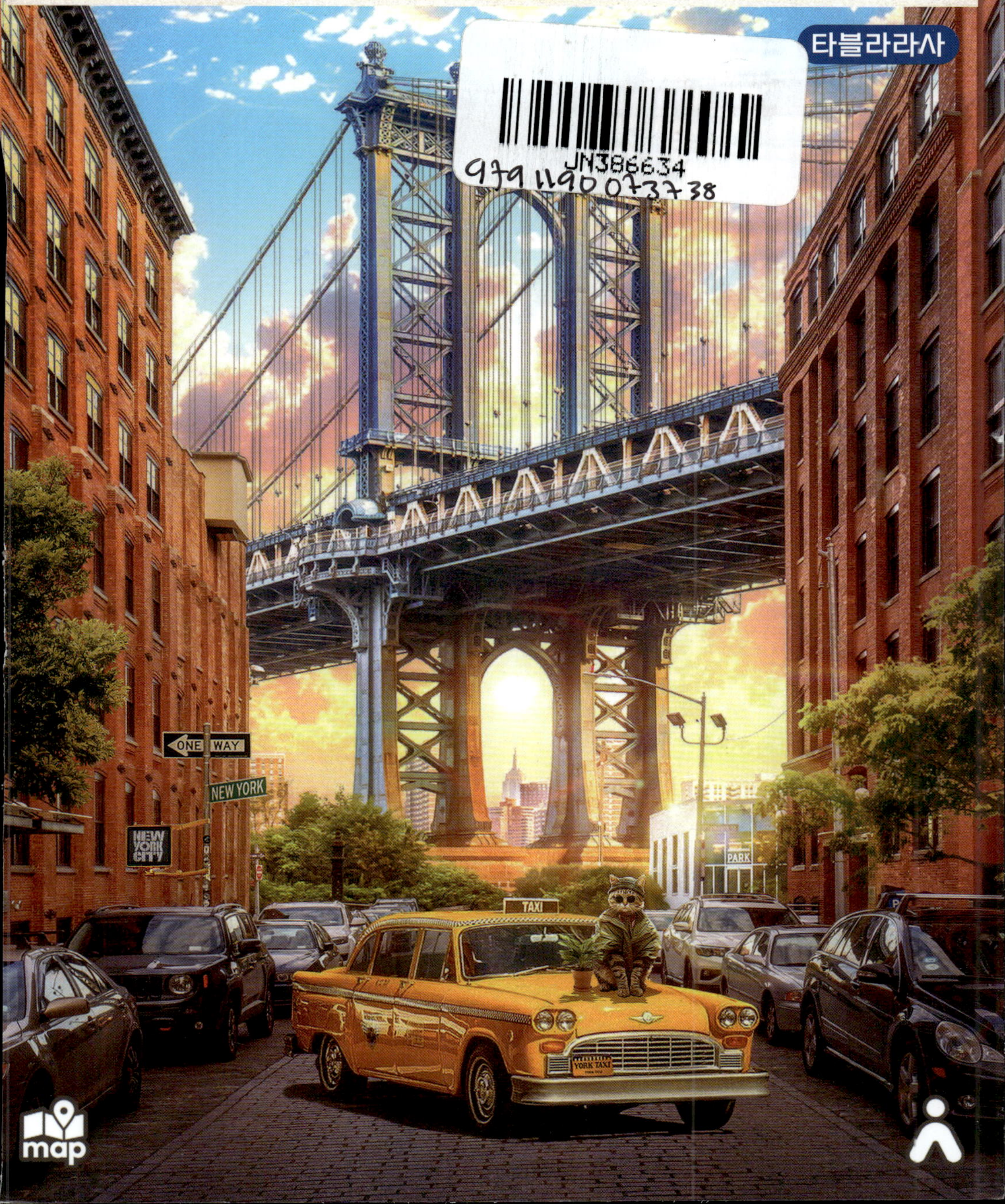

map

초판 2쇄 인쇄 | 2025년 4월 5일
초판 1쇄 발행 | 2025년 3월 15일

지은이 | 이정기, 타블라라사 편집팀
펴낸곳 | 타블라라사
컨텐츠 담당 | 홍경진, 김수경, 윤선영, 엄연희, 김희선, 문아현, 고혜경, 윤강희, 이경미, 변계숙, 김지영, 이다희
표지디자인 | KUSH

출판등록 | 2016년 8월 10일(제 2019-000011호)
이메일 | quiz94@naver.com
홈페이지 | http://aidenmapstore.com

Copyright 2024 Tabularasa, inc.
이 책의 저작권은 저자와 출판사에 있습니다.
서면에 의한 저자와 출판사의 허락없이 책의 전부 또는 일부 내용을 사용할 수 없습니다.

*값과 ISBN은 패키지 커버에 있습니다.
*잘못된 책은 구입한 서점에서 바꾸어 드립니다.
*본 도서에 대한 문의사항은 이메일을 통해 받고 있습니다.

현재 판매중인
에이든 **여행지도 시리즈**

국내여행 가이드북, 제주여행 가이드북, 인스타 핫플 가이드북, 아이와 가볼만한 곳 1193, 전국여행지도, 한국관광100선 스크래치맵, 캠핑지도, 우리나라 역사지도, 키즈(세이펜) 세계지도/우리나라지도, 서울, 제주, 부산, 파리, 런던, 로마, 오사카 지도 등 지속 출시 중. 네이버에서 "에이든여행지도"로 검색하세요.

에이든 여행지도 및 미니맵북의 저작권은 (주)타블라라사에 있습니다.
본사의 서면동의 없이는 어떠한 형태로도 복사하거나 이용 하지 못합니다.

일반정보

뉴욕 도시 특징

세계적인 금융 중심지이자 문화와 예술의 중심지 뉴욕. 빠르게 돌아가는 도심과 높은 현대적인 건물들로 유명하며, 명품브랜드 매장과 다양한 레스토랑들이 자리한다. 뉴욕에서는 자유의 여신상, 타임스퀘어, 센트럴 파크 등의 명소를 방문할 수 있으며, 브로드웨이 공연이나 맨하탄에서의 쇼핑 등 다채로운 활동도 즐길 수 있다. 전 세계에서 가장 트렌디한 도시. 대표적인 랜드마크는 타임스스퀘어, 메트로폴리탄 미술관, 자유의 여신상, 센트럴파크 등이 있다.

시차

뉴욕 표준시(EST)는 UTC-5 시간대에 속한다. 한국(KST)과는 14시간 차이

예: 한국이 오후 3시일 때, 뉴욕은 전날 새벽 1시

서머타임(Daylight Saving Time) 적용 시에는 UTC-4로 변경 (3월 둘째 주~11월 첫째 주) 이 기간 동안 시차는 13시간으로 줄어든다.

뉴욕의 역사

뉴욕은 1624년 네덜란드가 설립한 '뉴암스테르담'으로 시작해 1664년 영국이 점령하며 '뉴욕'으로 이름 변경. 18세기 미국 독립 전쟁 당시 주요 전장이었으며, 독립 후 경제와 문화의 중심지로 성장. 19세기와 20세기 초, 수백만 명의 이민자들이 자유의 여신상을 보며 미국의 꿈을 품고 엘리스섬을 통해 뉴욕에 도착. 이후 월스트리트가 있는 세계 금융의 중심지이자, 브로드웨이와 같은 예술과 엔터테인먼트의 메카로 자리 잡음. 현대에는 센트럴파크, 타임스퀘어, 브루클린브리지 등 세계적인 랜드마크가 위치한 도시로, 다양성과 혁신, 그리고 문화적 융합을 상징. 뉴욕의 역사는 독립, 이민, 발전, 그리고 글로벌 리더로서의 모습을 보여주며, 여행자들에게 끊임없는 영감을 제공.

뉴욕 가는 법

비행기 : 인천공항에서 뉴욕 JFK (존 F. 케네디 국제공항)까지 직항으로 14시간 내외 소요.

뉴욕 공항에서 시내 가는 법

*공항에 택시 사기(바가지 요금)가 많아 우버나 대중교통, 공항 셔틀버스를 이용하는 편.

1. 우버
- 요금 : 40-170달러(팁 지불하지 않아도 된다)
- 소요시간 : 30분-1시간

*미리 어플에 카드 등록 필수이며 한국에서 우버앱 설치 추천

2. Airtrian+지하철
공항에서 Air train(공항철도) → Jamaica staion (자메이카역)도착, 도보 4분이동 → Sutphin Blvd역에서 맨해튼 시내로 가는 지하철 탑승
요금 : 편도 11.4 달러 내외

3. 한인택시

4. 공항 셔틀버스(뉴욕 JFK 공항 ↔ 맨해튼 셔틀버스)
타임스 공항 셔틀버스는 뉴욕 JFK 공항과 맨해튼의 타임스퀘어 및 한인타운을 연결하는 편리한 교통 서비스

-운행 노선
JFK 공항 → 타임스퀘어 → 한인타운 → JFK 공항

-탑승 위치: JFK 공항 터미널 1번 출구 (스위스/루프트한자 간판 근처)
-하차 위치: 타임스퀘어 (Starbucks 앞)/ 한인타운 (Dunkin' Donuts 앞)
-운행 시간:
낮 도착: 항공편 도착 후 최대 2시간 대기 후 출발
밤 도착: 항공편 도착 후 최대 2시간 대기 후 출발
*계절별로 출발 시간이 다르므로 사전 확인 필요
-요금: 1인 $33 (성인·어린이 동일)
-수하물 규정: 기본 2개 무료 (158cm 이내), 추가 1개당 $5
예약 필수, 입국 후 기사님과 연락 (+1 646-684-4848)
타임스 공식 웹사이트에서 예약 가능
-주의사항
늦게 도착 시 셔틀 이용 불가 및 환불 불가
보호자 없이 만 18세 이하 탑승 불가

뉴욕 시내 교통카드

	옴니카드	메트로 카드
특징	기존 메트로 카드를 대체하는 교통 요금 프로그램 서비스. 별도 구매 없이 기존에 한국에서 사용하던 신용/체크카드 뒷면에 와이파이 모양이 있으면 사용 가능하며 삼성페이, 애플페이에 등록도 가능	뉴욕시 지하철(MTA Subway), 시내버스(MTA Bus), 루즈벨트 아일랜드 트램에서 사용할 수 있는 충전식 교통카드. 따로 충전하지 않아도 되는 1회권과 무제한권(7일권, 30일권)도 있음
가격	-1회당 2.9달러 -처음 탭한 날짜부터 7일 이내 1~12회 탑승까지 매회 2.9달러 부과되며 13회부터는 무료 탑승 가능 -1개 카드로 4명까지 계산 가능하며, 4명이 1개 카드로 3번 탑승했다면(12회 탑승) 이 경우에도 13회부터 무료 탑승 가능	일반 메트로 카드 (Pay-Per-Ride) -1회당 2.9달러 사용자가 사전에 충전한 금액에서 차감하는 방식. 1회 이용시 2.9달러씩 차감되며 새 카드 발급시 1달러 수수료 있음 1회권 (Single Ride) -3.25달러 -발급시 1달러 수수료 없음. 카드 재충전 불가능 7일 무제한권 (7-Day Unlimited Ride) -34달러 -7일 동안 지하철과 시내버스 무제한. 발급시 1달러 수수료 있음 30일 무제한권 (30-Day Unlimited Ride) -132달러 -30일 동안 지하철과 시내버스 무제한. 발급시 1달러 수수료 있음
구매 방법	옴니 사이트에 애플, 구글 아이디로 가입한 후 사용할 카드를 등록하면 바로 사용 가능. 옴니카드 등록 링크 : https://omny.info/register	뉴욕 지하철역 티켓 판매기에서 구매 및 충전
장점	교통카드를 충전하거나 구매할 필요 없음	별도 가입 과정이 필요하지 않음
단점	사전에 사이트 가입 및 카드 등록 필수	1회권 외에는 모두 1달러씩 발급 수수료 있음 카드 마그네틱 부분이 잘 긁히지 않는 경우가 있어 불편함
추천 대상	7일 내에 12회 이상 대중교통 이용 예정일 경우 추천 (메트로카드 7일권과 가격 차이가 많이 나지 않고 사용이 더 간편함)	뉴욕에 30일 이상 장기로 머물 경우 추천 (옴니카드는 7일마다 무료 혜택이 리셋되므로 30일 기준으로는 메트로카드 30일권이 더 저렴)

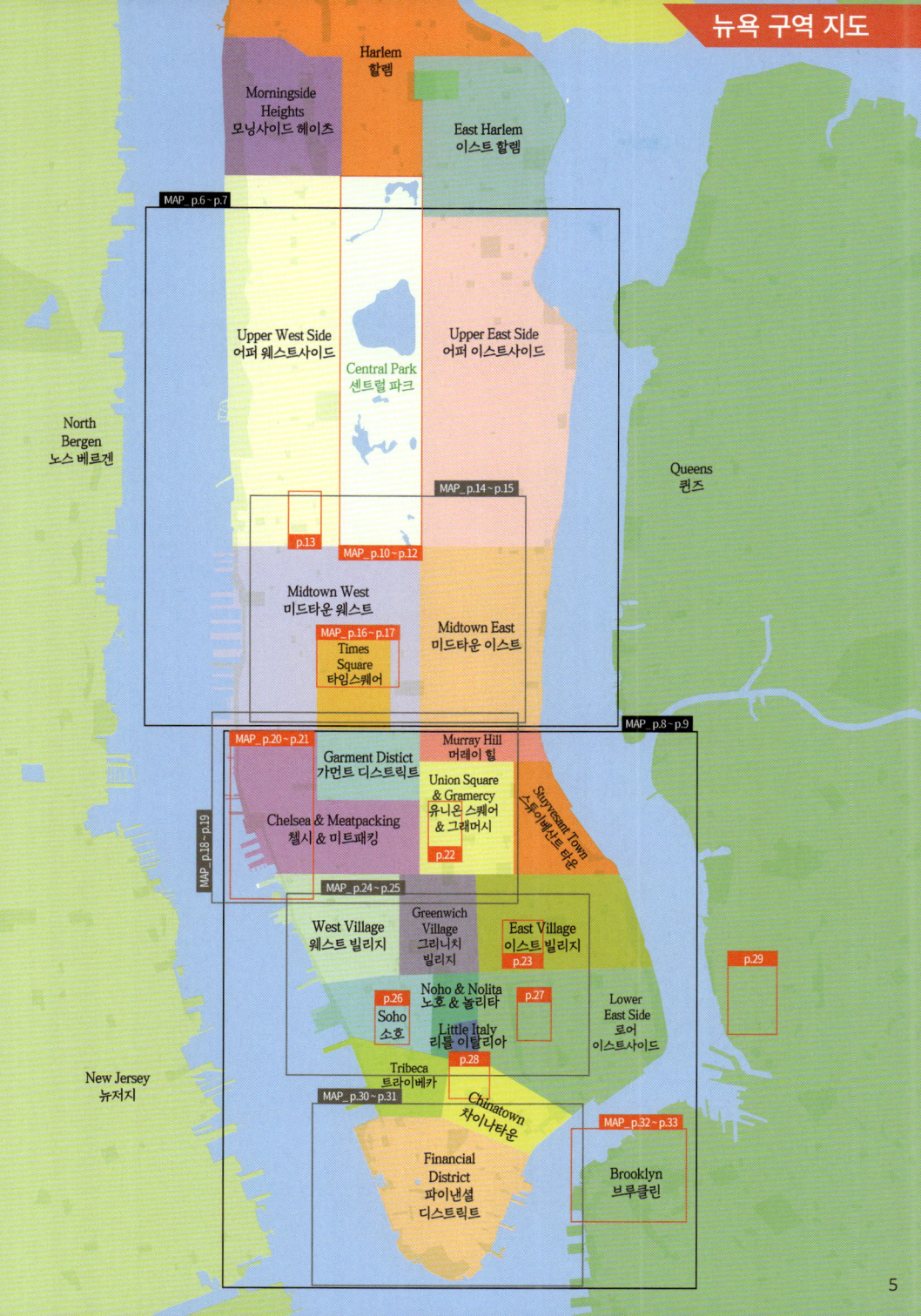

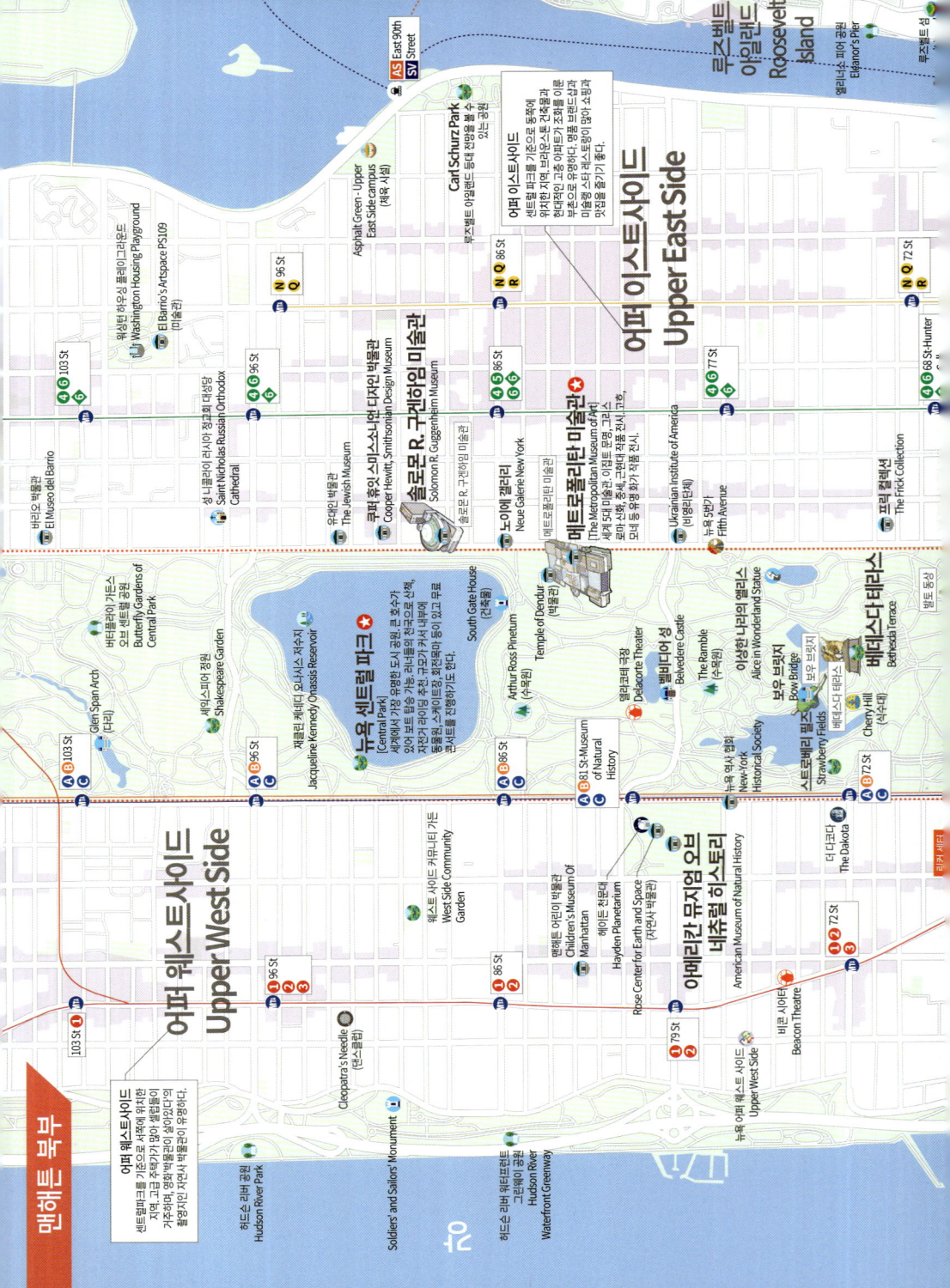

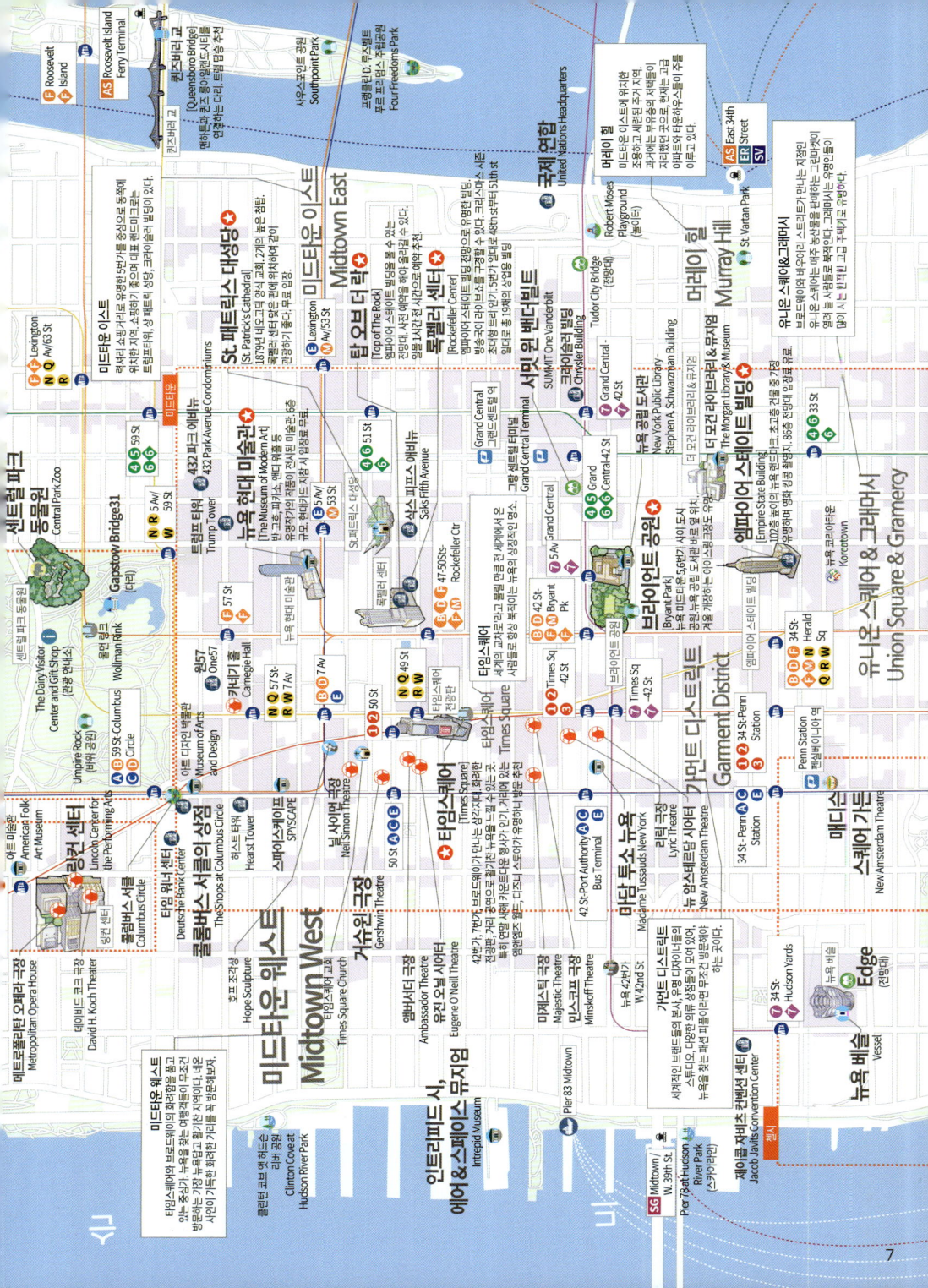

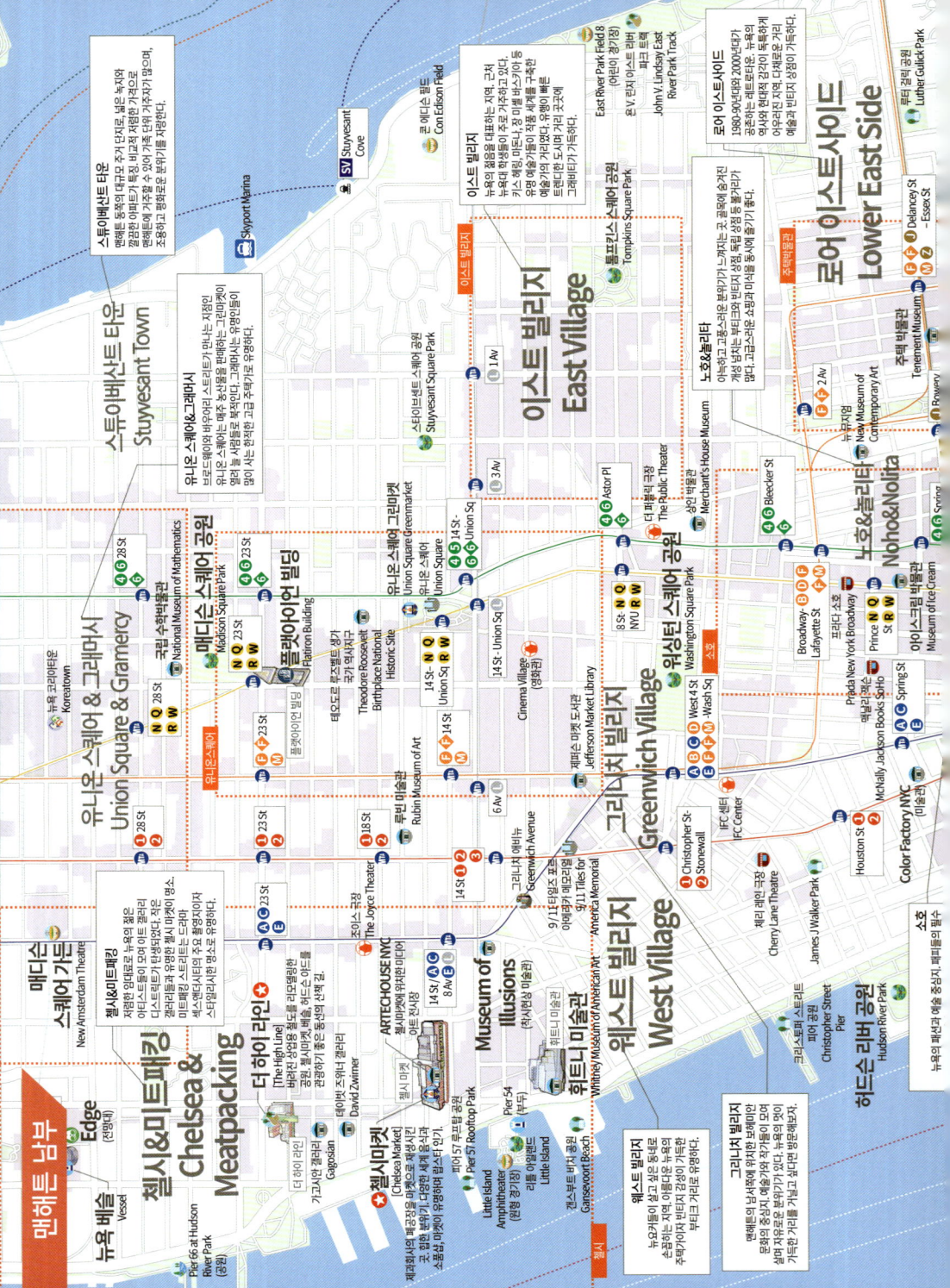

센트럴 파크

솔로몬 R. 구겐하임 미술관 일반정보

현대 미술관으로, 독특한 건축물과 풍부한 예술 컬렉션이 세계적으로 유명. 인상파, 후기 인상파, 현대 미술 작품 등 다양한 컬렉션을 보유하고 있으며, 피카소, 칸딘스키, 샤갈 등의 작품들이 있다.

- **건축가**: 프랭크 로이드 라이트
- **특징**: 나선형 램프를 따라 작품을 감상할 수 있는 독특한 구조
- **운영 시간**: 일요일 오전 10시 30분부터 오후 5시까지 운영, 단, 인기가 높아 대기 시간이 길 수 있으므로 미리 도착하는 것이 좋음
- **입장료**: 일반 $30, 학생 $19, 12세 이하 무료
- "Pay What You Wish" 토요일 오후 5시부터 7시 45분까지 원하는 금액을 기부하고 입장할 수 있음
- **교통**: 지하철 4, 5, 6호선 86번가(86th Street) 역에서 도보로 이동 가능
- **Tip**: 오디오 가이드를 이용해 해설을 듣고 이용한 후, 나선형 경로를 따라 내려오며 작품을 감상하는 것을 추천

미술관에서 꼭 보아야 하는 대표 작품

벨트맹 광장
에두아르 뷔야르 (Edouard Vuillard, 1868-1940)
인상주의 후기 인상주의 사이에서 활동한 화가로 대표작으로 일상적이고 친근한 풍경 속에서 색채와 감성의 조화를 추구한 작품

땅부음 든 남자 -
폴 세잔 (Paul Cézanne, 1839-1906)
후기 인상주의의 가장이 세잔의 조상화 작품 중 하나로, 건장하면서도 강렬한 색채와 형태의 조화를 통해 인물의 표현력이 돋보이는 작품

푸른 산 - 바실리 칸딘스키
(Wassily Kandinsky, 1866-1944)
추상미술의 선구자인 칸딘스키의 초기 대표작으로, 자연의 색채와 형태를 추상적으로 표현하며, 감정을 시각적으로 전달

다림질하는 여인(Woman Ironing, 1904)-
파블로 피카소(Pablo Picasso)
피카소의 청색 시대를 대표하는 작품으로, 가난과 고독을 주제로 한 깊은 감성을 담고 있다.

Accompanied Contrast (1935)-
바실리 칸딘스키(Wassily Kandinsky, 1866-1944)
강렬한 대비와 역동적인 구성이 돋보이며, 음악적 리듬과 감정이 시각적으로 표현된 작품

파리의 집들(Houses in Paris, 1911)-
후안 그리스(Juan Gris)
도시 풍경을 기하학적으로 재해석한 작품. 건물의 형태를 단순화하고 분해하여 다각적인 시각에서 표현했으며, 차분한 색조와 독창적인 구성이 돋보임

뉴욕 센트럴파크
[Central Park]

메트로폴리탄 미술관 일반정보

한국어 하이라이트 투어
- **소요 시간**: 약 1시간
- **만남 장소**: 미술관 1층 갤러리534
- **내용**: 미술관의 다양한 소장품 중 5,000년간의 걸친 예술과 문화를 아우르는 주요 작품들을 소개

장어 방법
별도의 예약 없이 정해진 시간에 만남 장소로 방문. 선착순으로 진행되므로, 원활한 참여를 위해 약간 일찍 도착하시는 것을 권장

메트로폴리탄 미술관 층별 설명

1층: 고대와 세계 문화
이집트 미술: 덴두르 신전 등 고대 유물.
그리스·로마 미술: 비너스 조각상 등.
아프리카·아메리카 미술: 전통적 조각과 공예품.
중세 미술: 갑옷과 중세 유럽 유물.

2층: 유럽 회화와 현대 예술
유럽 회화: 반 고흐, 모네 등 거장들의 작품.
미국 미술: 미국 화가의 장신 작품.
아시아 미술: 중국 청화백자, 일본 목판화, 이슬람 미술: 페르시아 양탄자, 타일 공예.

3층: 현대 미술 사진
현대 미술: 젊은 작품, 조각이 오키프 등.
사진 갤러리: 초기 및 현대 사진 작품.
특별 전시: 아시아 테마의 현대 예술

1층에서 꼭 보아 할 작품들

덴두르 신전 (Temple of Dendur)
위치: 이집트 미술관 갤러리(Gallery 131)
설명: 고대 이집트에서 뉴욕으로 옮겨온 실제 신전으로 기원전 15년경에 지어졌다. 나일 강가의 풍경을 재현한 분위기와 함께 감상

쿠르나 신전의 부조 (Reliefs from the Temple of Karnak)
위치: 이집트 미술관 (Gallery 132)
설명: 이집트 쿠르나 신전의 벽 부조로, 고대 이집트의 신앙과 역사적 사건을 생생히 묘사하고 있다.

비너스상 조각상 (Marble Statue of a Woman, Probably Venus)
위치: 그리스·로마 미술관 (Gallery 153)
설명: 아름다운 고대 그리스 조각으로, 섬세한 디테일과 조각 기술을 감상할 수 있다.

The Colored One(1919-20)
프랑티세크 쿠프카(Frantisek Kupka)

추상미술 초기의 대표적인 작품으로, 생체의 역동적인 움직임을 포착, 병치 또는 교차시켜 강렬한 색채와 동적인 구도로 표현했다. 주제로 삼았는데, 공이 교차되는 장면을 생동감 넘치는 색채와 동적인 구도로 표현.

솔로몬 R. 구겐하임 미술관
[Solomon R. Guggenheim Museum]

건축가 프랭크 로이드 라이트가 설계한 독특한 나선형 건축 디자인으로 유명하며, 인상파와 후기 인상파부터 현대 미술까지 다양한 작품을 소장하고 있다. 피카소, 칸딘스키, 모네 등의 작품도 볼 수 있다.

쿠퍼 휴잇 스미스소니언 디자인 박물관
[Cooper Hewitt, Smithsonian Design Museum]

정기별 인테리어 전시가 있는 디자인 박물관. 30만점 전후의 유물부터 현대 디자인 작품까지 전시되어 있어 디자인의 역사를 한눈에 볼 수 있다.

메트로폴리탄 미술관
[The Metropolitan Museum of Art]

세계에서 가장 큰 유명한 미술관 중 하나이다. 그리스 이집트 유물부터 현대 미술까지, 5,000년의 역사를 한자리에 만나볼 수 있는 곳. 공원 마지막에는 화려한 꽃밭이 있다.

뉴욕 필하모닉 콘서트 인 더 파크
(Concerts in the Parks)

뉴욕의 대표적인 여름 연례 행사인 콘서트 인 더 파크(Concerts in the Parks)는 1965년부터 시작되어 뉴욕 여름의 풍경으로 자리매김한다. 매년 6월 중 약 1주일 동안 다양한 공원에서 뉴욕 필하모닉 지휘 8시만의 2시간 정도 이어진다. 관람은 무료로 제공되며, 잔디밭에 앉아 연주를 즐길 수 있다. 공연이 마지막에는 화려한 불꽃놀이 행사도 열려 관람객에게 특별한 추억을 선사한다.

- **장소**
  - 브롱크스 : 밴 코틀랜드 공원(Van Cortlandt Park)
  - 맨해튼 : 센트럴 파크(Central Park's Great Lawn)
  - 퀸즈 : 커닝햄 파크(Cunningham Park)
  - 브루클린 : 프로스펙트 파크(Prospect Park)
- **공연 시간**
  - 콘서트는 보통 저녁 시간에 시작되며, 공연은 2시간 정도.
  - 도착 시간 : 인기 있는 행사이므로, 좋은 자리를 원하신다면 공연 시작 시간인 오후 8시 보다 1-2시간 전에 도착하시는 것을 추천.

이상한 나라의 앨리스
(Alice in Wonderland Statue)

센트럴 파크의 인기 있는 조각품. 루이스 캐롤의 소설 '이상한 나라의 앨리스'에 등장하는 인물들이 조각되어 있다. 앨리스, 미친 모자 장수, 체셔 고양이 등이 조각된 이 동상은 아이들에게도 즐거움을 준다.

벨비디어 성
(Belvedere Castle)

뉴스코틀랜드 성처럼 생긴 이 양식으로, 센트럴 파크의 전경을 조망할 수 있는 곳. 공연과 행사가 열리는 중심지로도 이용된다. 옛날 시대 건축물 중심으로 멋진 사진 찍기도 좋은 장소.

호수 The Lake

영화 '비긴 어게인'에 등장하는 호수. 보트 체험도 할 수 있다.

레이디스 파빌리온
Ladies Pavilion

하트모양의 근사한 배경 장치, 야누스에 나타나는 핑크빛 건물로 한번쯤 웨딩촬영 명소로 유명한 곳.

2층에서 꼭 봐야 할 작품들

자화상(Self-Portrait) - 빈센트 반 고호(Vincent van Gogh)
위치: 2층 825호실
설명: 고흐의 강렬한 붓질과 색채를 통해 그의 내면 세계를 엿볼 수 있는 작품

수련 연작(Water Lilies) - 클로드 모네(Claude Monet)
위치: 2층 819호실
설명: 모네의 대표작 중 하나로, 빛과 색이 반영된 섬세하게 표현된 수련 연못의 풍경

무용 수업(The Dance Class) - 에드가 드가(Edgar Degas)
위치: 2층 815호실
설명: 발레 연습 중인 무용수들의 생동감 넘치는 모습을 포착한 작품으로, 드가의 관찰력이 돋보이는 작품

마더 프리마베사(Mada Primavesi) - 구스타프 클림트(Gustav Klimt)
위치: 2층 829호실
설명: 클림트의 독특한 장식성과 색채 감각이 돋보이는 초상화로, 소녀의 순수함을 우아하게 담고 있는 작품

그랑드 자트 섬의 일요일 오후(A Sunday on La Grande Jatte) - 조르주 쇠라(Georges Seurat)
위치: 2층 820호실
설명: 점묘법을 활용하여 파리 근교의 섬에서 휴식을 취하는 사람들의 모습을 세밀하게 그린 작품.

관람 Tip.
- 미술관이 규모가 방대하므로 방문 전에 공식 웹사이트를 통해 관심 있는 작품의 위치를 확인.
- 오디오 가이드를 대여하면 작품에 대한 상세한 설명을 들을 수 있어 감상에 도움이 된다.
- 주요 작품 외에도 건축적인 요소도 감상할 수 있으니, 여유를 가지고 감상하시길 권장.

호수 The Lake

영화 '비긴 어게인'에 등장하는 호수. 보트 체험도 할 수 있다.

레이디스 파빌리온 Ladies Pavilion

하트모양의 근사한 배경 장치, 야누스에 나타나는 핑크빛 건물로 한번쯤 웨딩촬영 명소로 유명한 곳.

링컨 센터

메트로폴리탄 오페라 극장 오페라 추천작

1. 라 보엠
19세기 파리를 배경으로, 가난한 예술가들의 낭만적이지만 비극적인 사랑과 삶을 그린 오페라

주요 아리아
"Che gelida manina" - 로돌포가 미미를 처음 만나는 순간 부르는 사랑의 고백.
"Si, mi chiamano Mimì" - 미미가 자신의 소박한 삶을 노래하며 사랑을 시작하는 곡.
"Quando me'n vo'" - 무제타가 자신의 매력을 뽐내며 부르는 경쾌한 곡.

티켓가격
좌석에 따라 $25에서 $300 이상

2. 마술피리
왕자 타미노와 파미나가 사랑과 용기의 시험을 극복하며 진정한 사랑과 성숙을 이루는 이야기

주요아리아
"Der Hölle Rache kocht in meinem Herzen"
- 밤의 여왕의 강렬한 아리아로, 높은 음역대와 극적인 표현이 특징.
"Dies Bildnis ist bezaubernd schön"
- 타미노가 파미나의 초상화를 보고 사랑에 빠지는 아름다운 선율.
"Ein Mädchen oder Weibchen"
- 파파게노의 익살스러운 아리아.

티켓가격
좌석에 따라 $25에서 $300 이상

오페라 티켓 할인
- 러쉬 티켓(Rush Tickets): 공연 당일에 $25로 제공되며, 온라인과 메트 오페라 앱을 통해 구매할 수 있다.
- 로터리 티켓(Lottery Tickets): 특정 공연에 대해 무작위 추첨을 통해 할인된 티켓을 판매하는 제도. 온라인과 메트 오페라 앱을 통해 구매할 수 있다.

*러쉬 티켓, 로터리 티켓은 제한된 수량으로 제공되며, 모든 신청자가 당첨되는 것은 아니다.

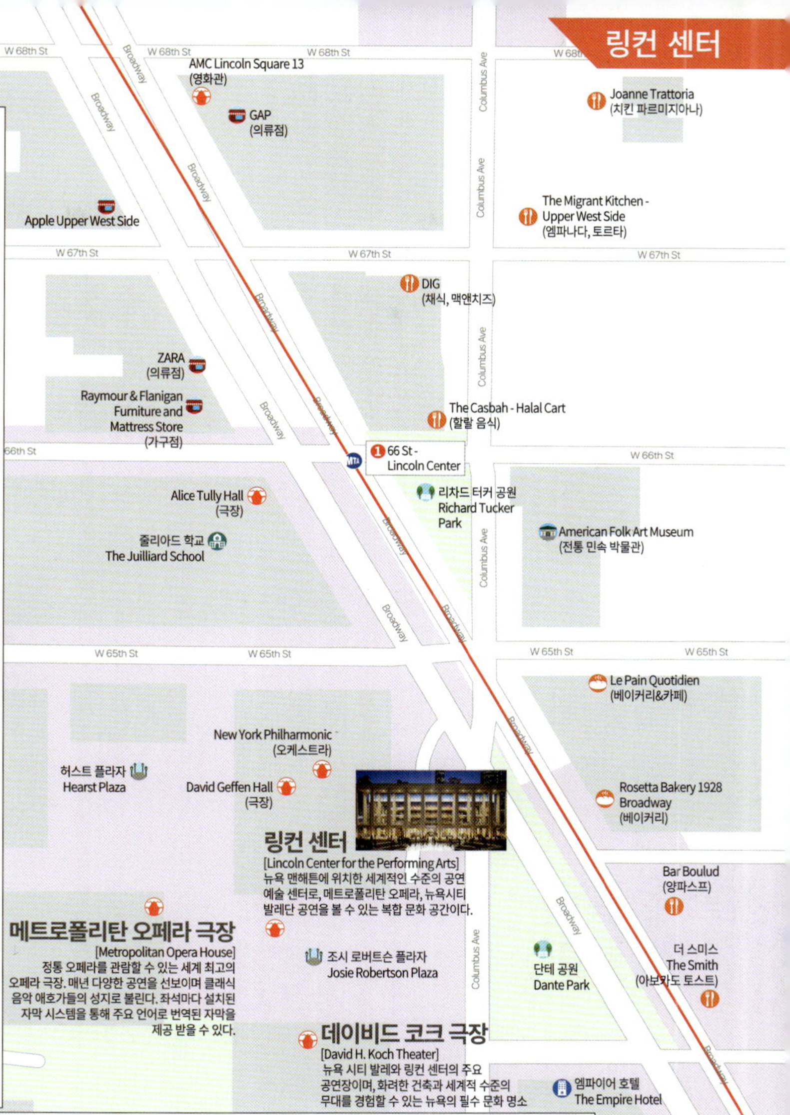

메트로폴리탄 오페라 극장
[Metropolitan Opera House]
정통 오페라를 관람할 수 있는 세계 최고의 오페라 극장. 매년 다양한 공연을 선보이며 클래식 음악 애호가들의 성지로 불린다. 좌석마다 설치된 자막 시스템을 통해 주요 언어로 번역된 자막을 제공 받을 수 있다.

링컨 센터
[Lincoln Center for the Performing Arts]
뉴욕 맨해튼에 위치한 세계적인 수준의 공연 예술 센터로, 메트로폴리탄 오페라, 뉴욕시티 발레단 공연을 볼 수 있는 복합 문화 공간이다.

데이비드 코크 극장
[David H. Koch Theater]
뉴욕 시티 발레단과 링컨 센터의 주요 공연장이며, 화려한 건축과 세계적 수준의 무대를 경험할 수 있는 뉴욕의 필수 문화 명소

데이비드 코크 극장 발레 추천작

1. 호두까기 인형 (The Nutcracker)
클라라가 크리스마스 파티에서 받은 호두까기 인형과 함께 마법의 세계로 여행하며, 쥐 왕과 싸우고 사랑 나라에서 환상적인 춤 공연을 즐기는 이야기

관람포인트
- 눈송이 춤: 아름다운 군무와 화려한 무대 효과로 겨울의 환상적인 분위기를 표현.
- 꽃의 왈츠: 우아하고 조화로운 춤과 차이콥스키의 음악이 어우러진 하이라이트.
- 사탕 요정의 춤: "Dance of the Sugar Plum Fairy"를 통한 화려한 솔로 퍼포먼스.
- 크리스마스 트리 연출: 마법처럼 자라나는 트리와 환상적인 무대 디자인.

티켓 구매
$100유로~ 300유로 이상
공연은 매진이 빠르므로 최소 한 달 전에는 예약하는 것이 좋다.
*공연 전 도착해 프로그램 북을 읽어 보기 추천!

2. 주얼스(Jewels)
조지 발란신(George Balanchine)이 1967년에 안무한 3막 발레 작품으로, 각 막은 보석을 주제로 한 독립적인 춤으로 구성되어 있다. 이 작품은 발란신이 뉴욕의 보석상에서 영감을 받아 창작한 것으로 알려져 있다.

구성 및 특징
- 에메랄드(Emeralds)
특징: 19세기 프랑스 낭만 발레의 우아함과 세련미를 표현하며, 로맨틱한 분위기가 돋보인다.
- 루비(Rubies)
특징: 20세기 모더니즘을 상징하며, 재치 있고 익살스러운 표현이 많이 등장한다.
- 다이아몬드(Diamonds)
특징: 러시아 황실 발레의 위엄과 고전 발레의 특징을 잘 구현한 안무로, 웅장하고 클래식한 분위기를 자아낸다.

티켓 구매
일반적으로 $100부터 시작
인기 있는 공연이므로 조기 매진될 수 있으니, 공식 웹사이트를 통해 사전 예매를 권장

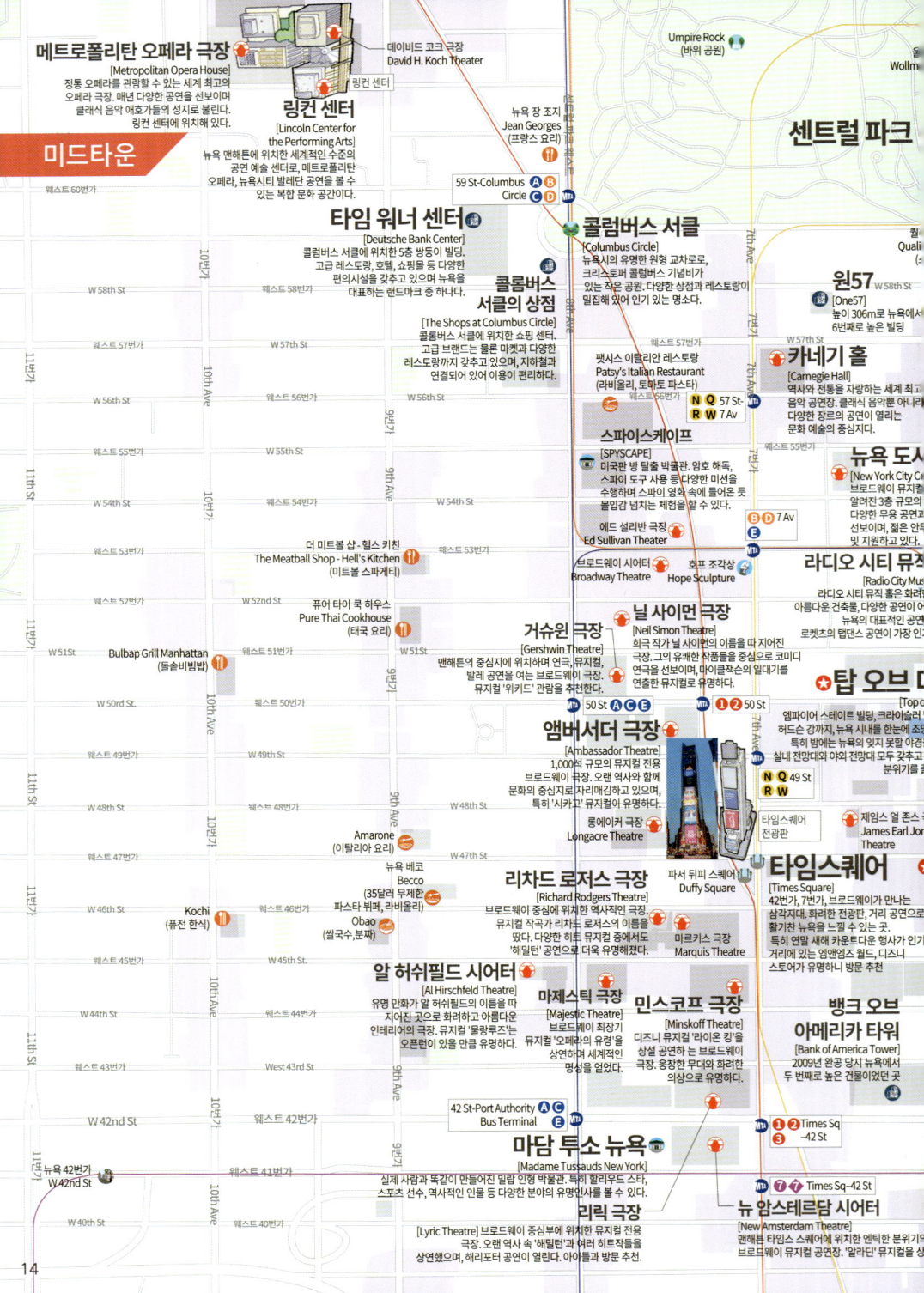

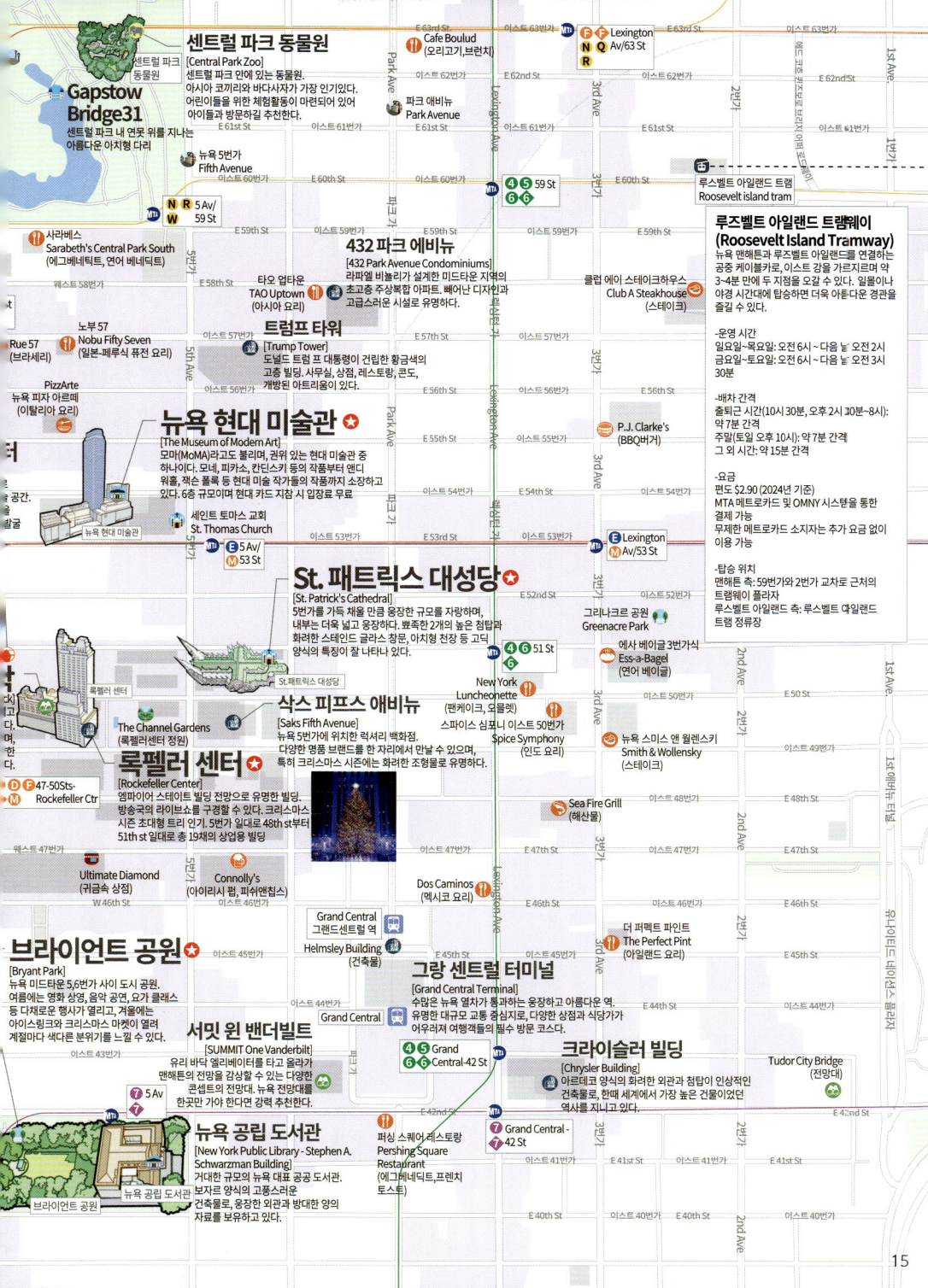

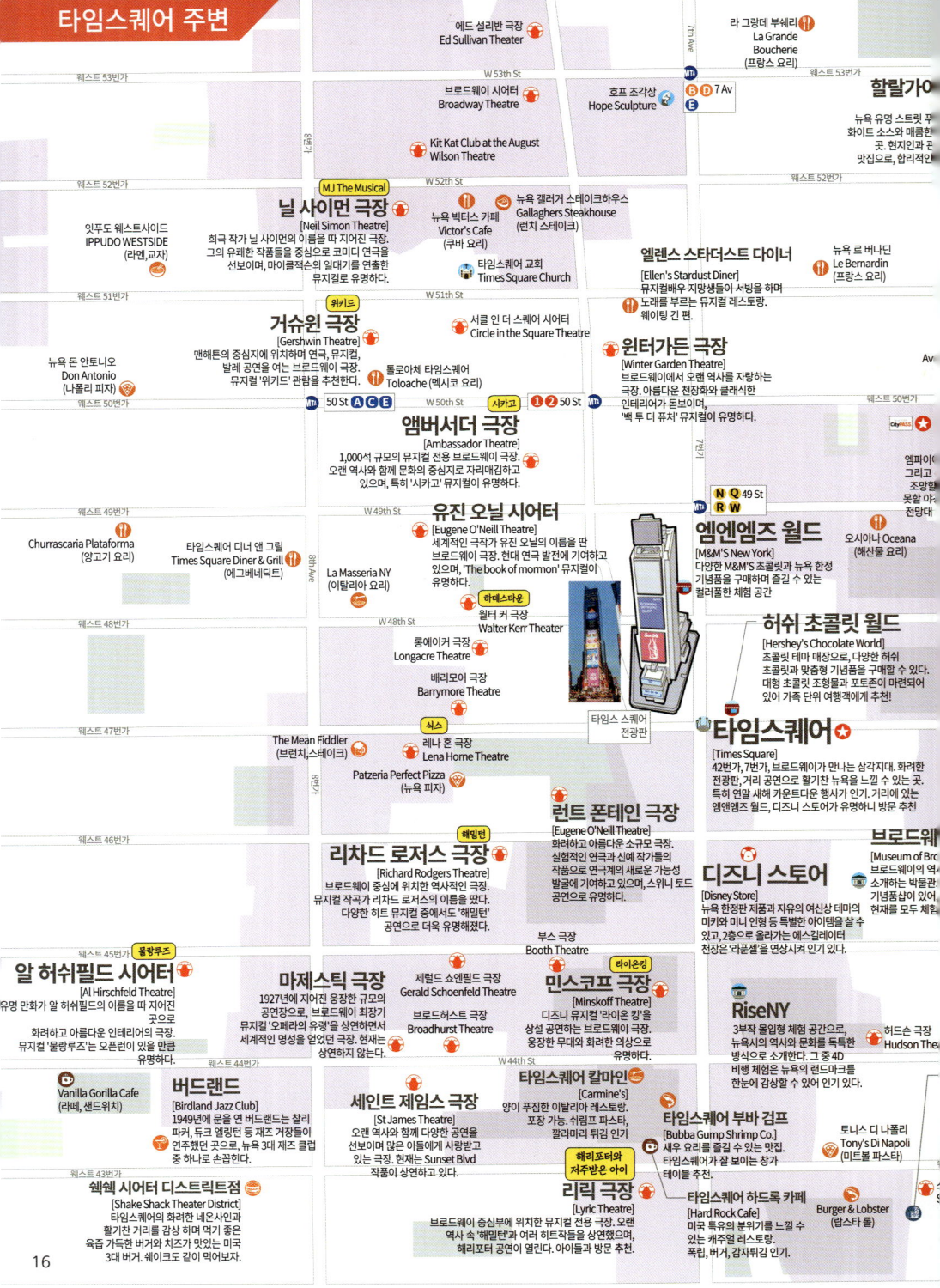

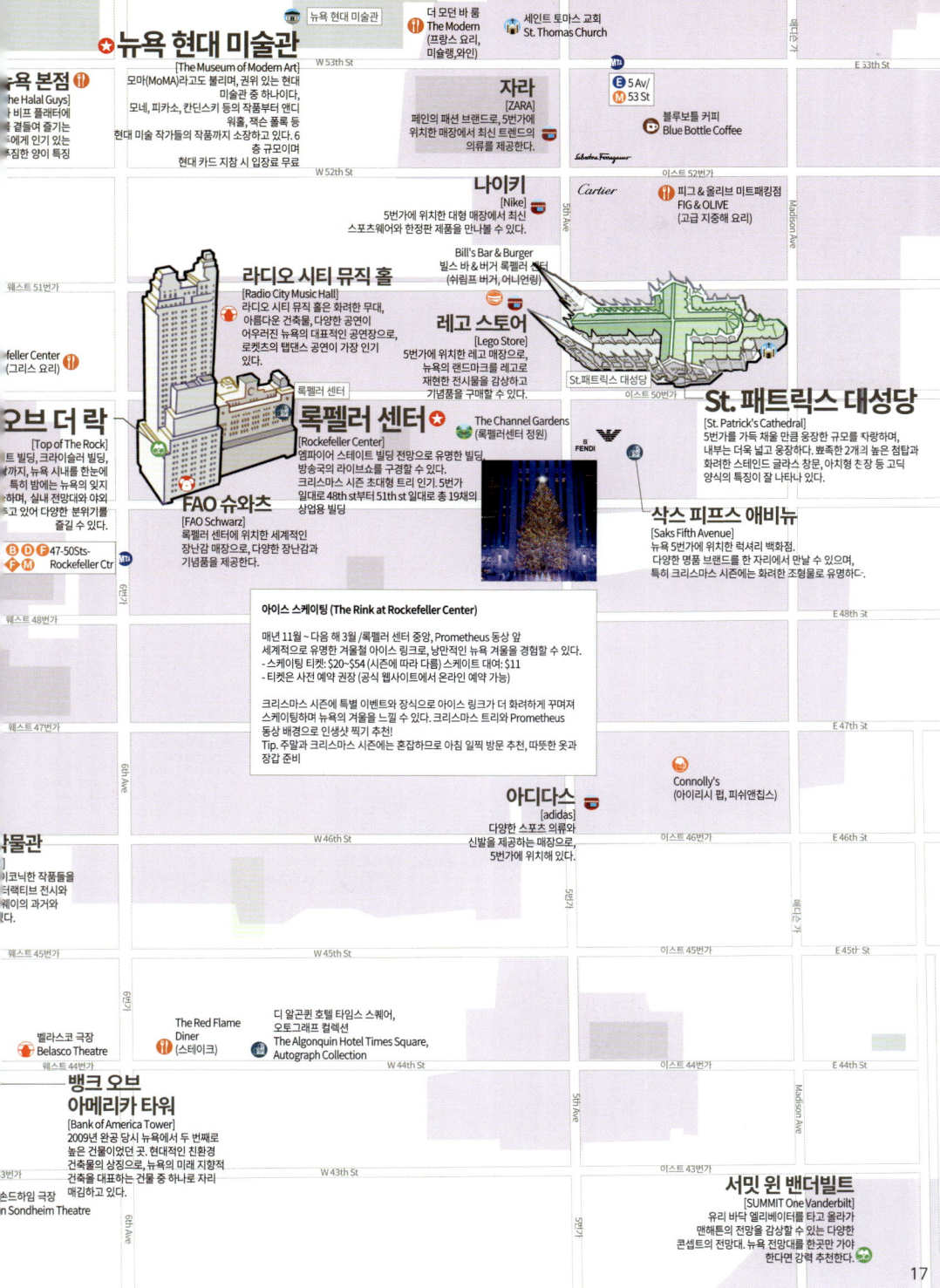

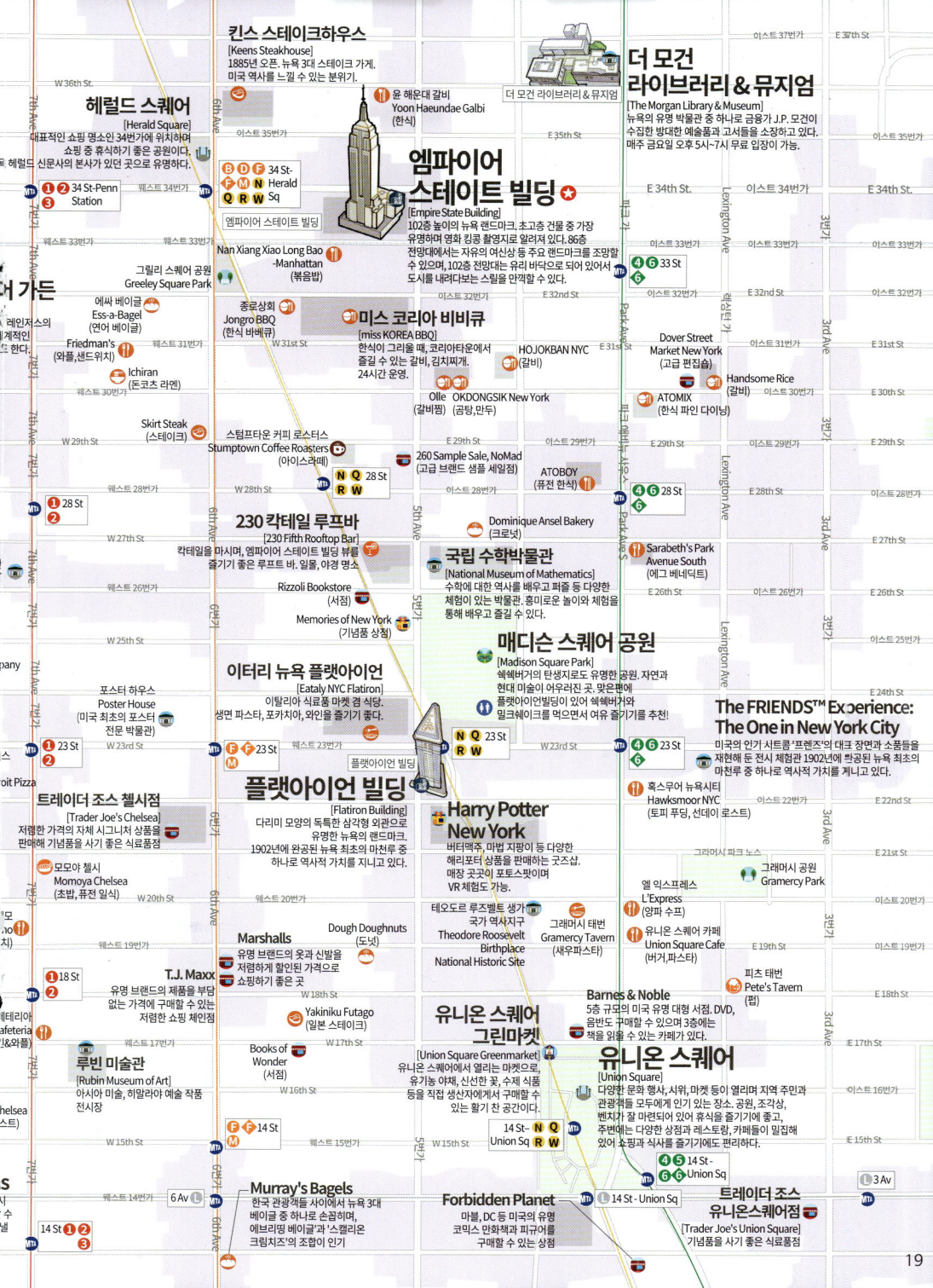

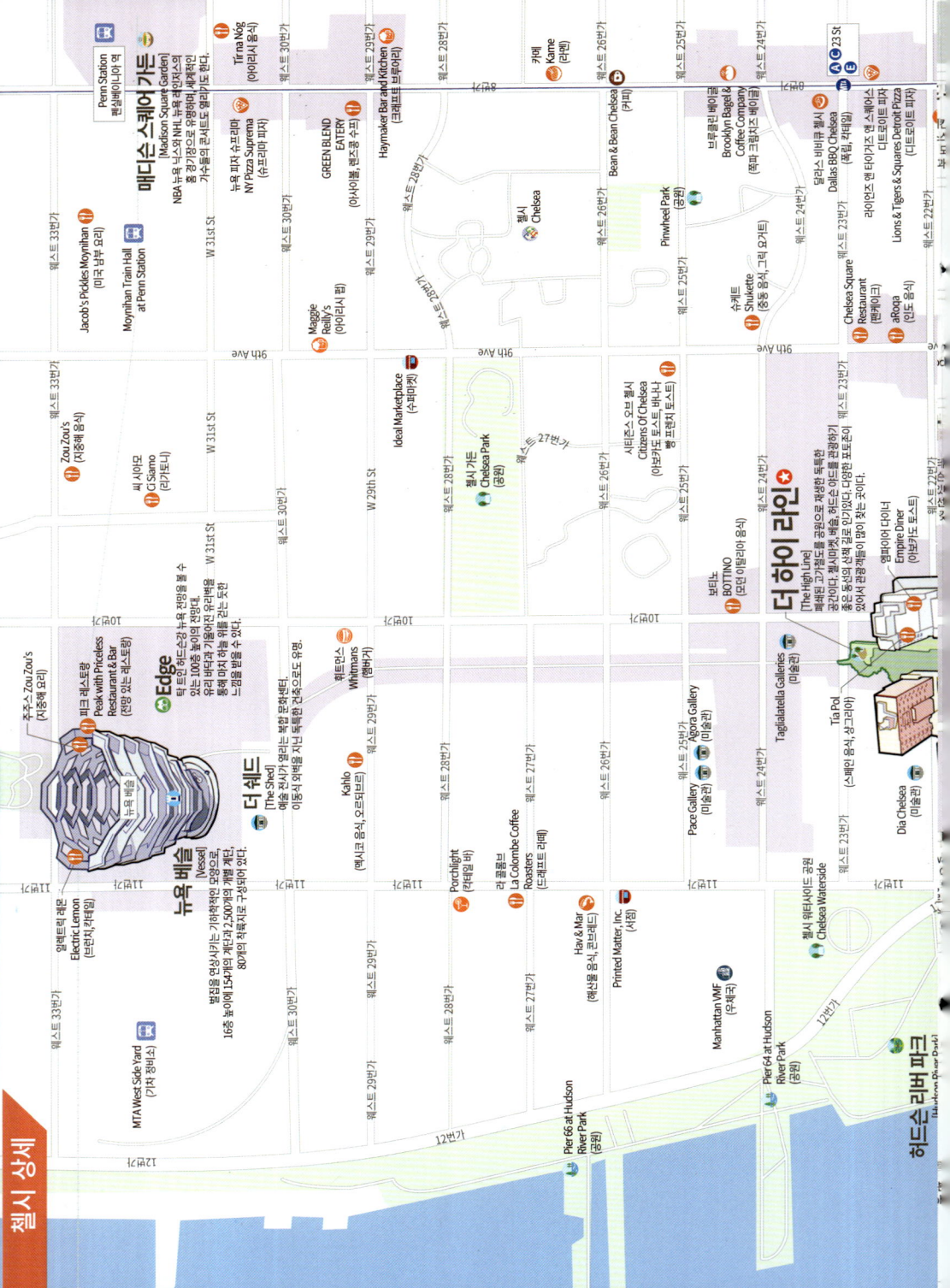

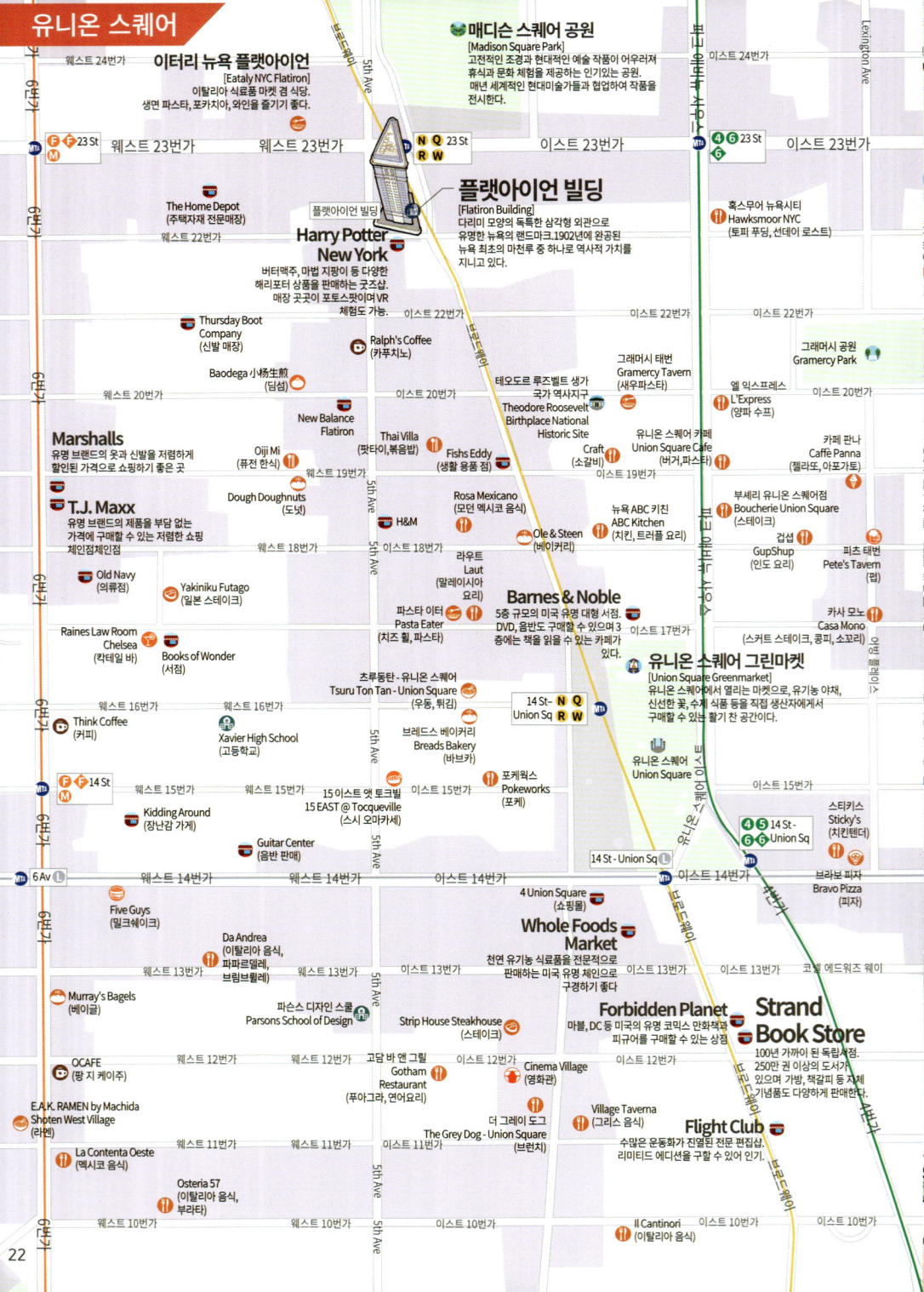

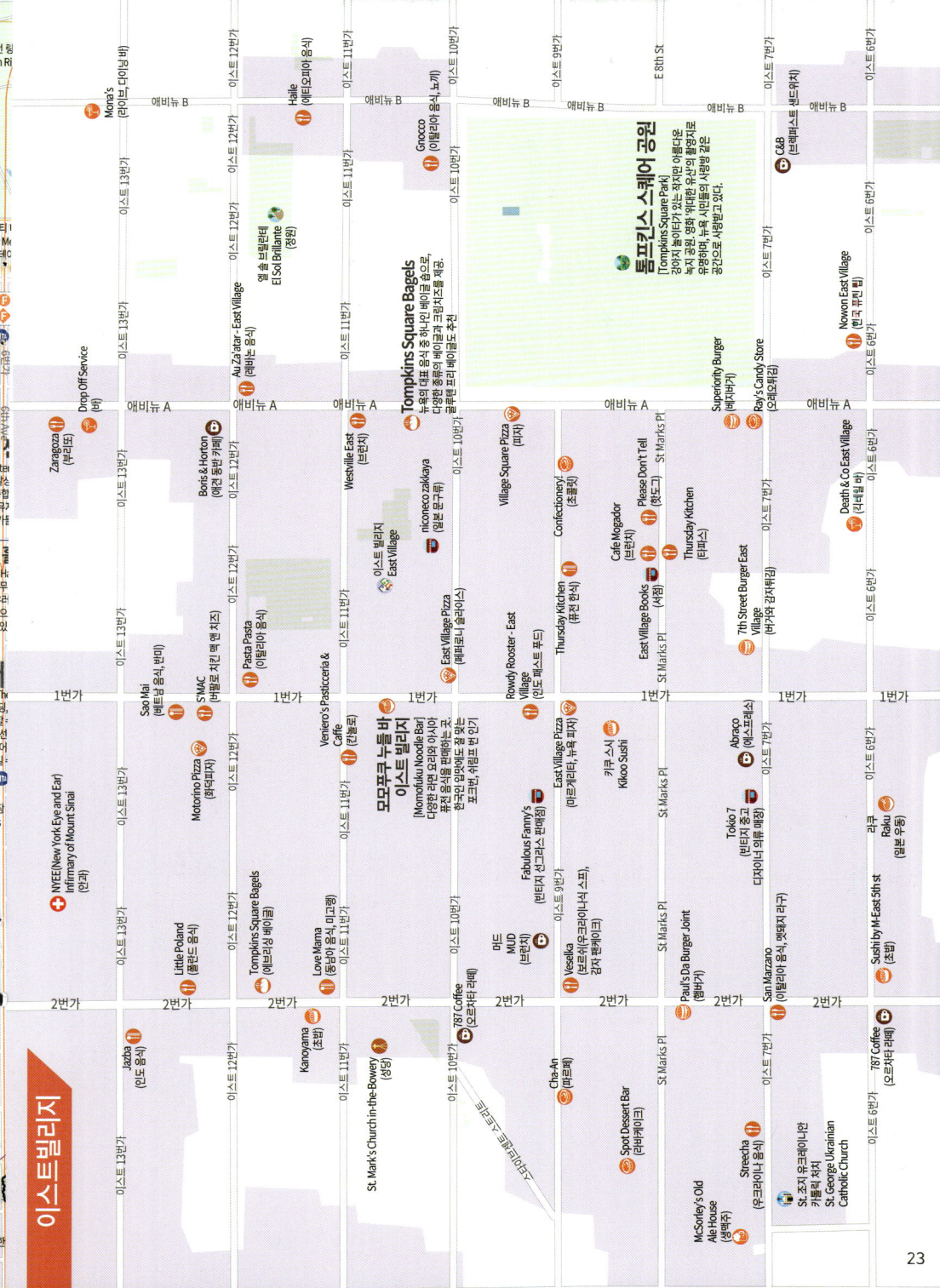

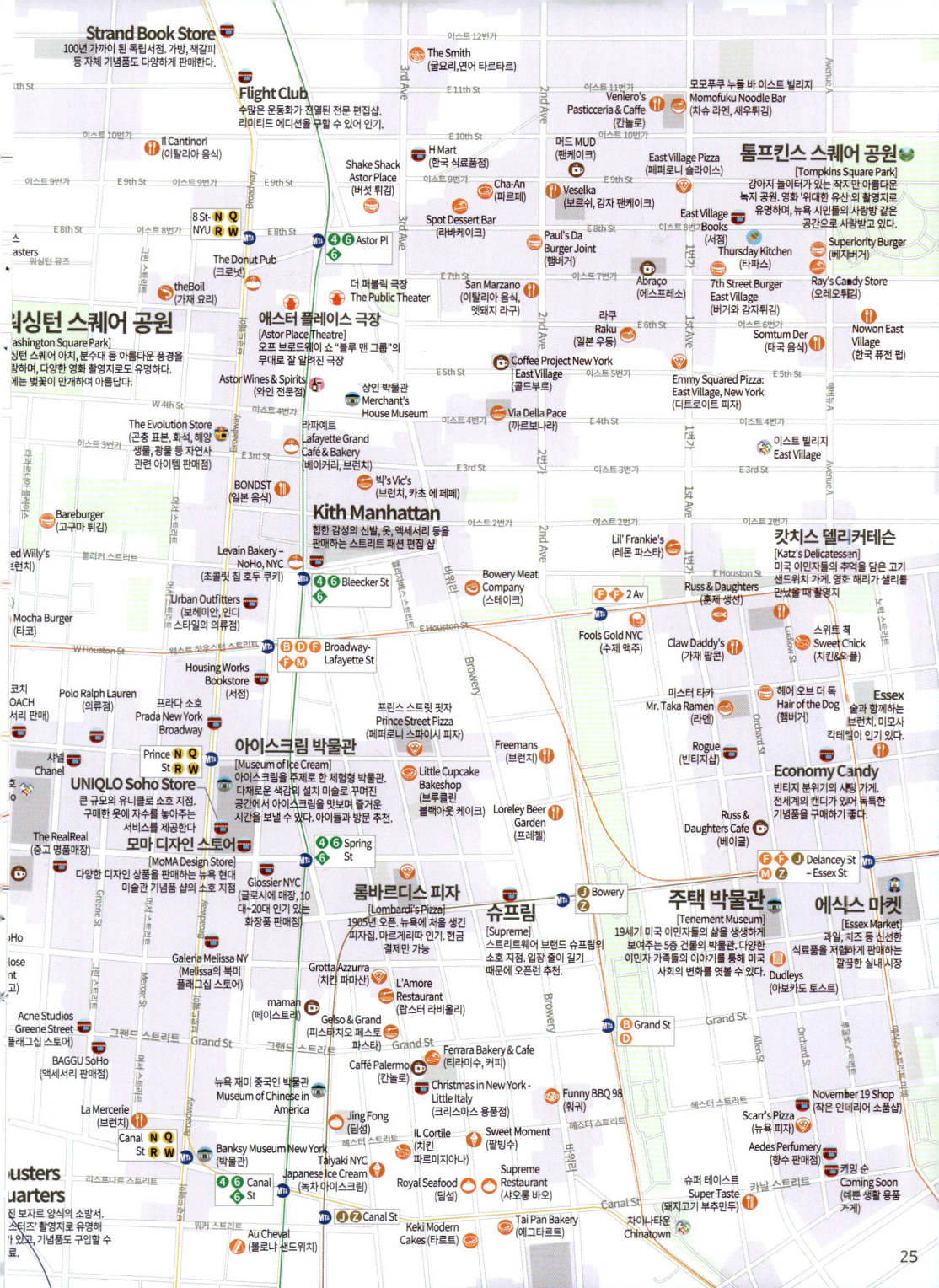

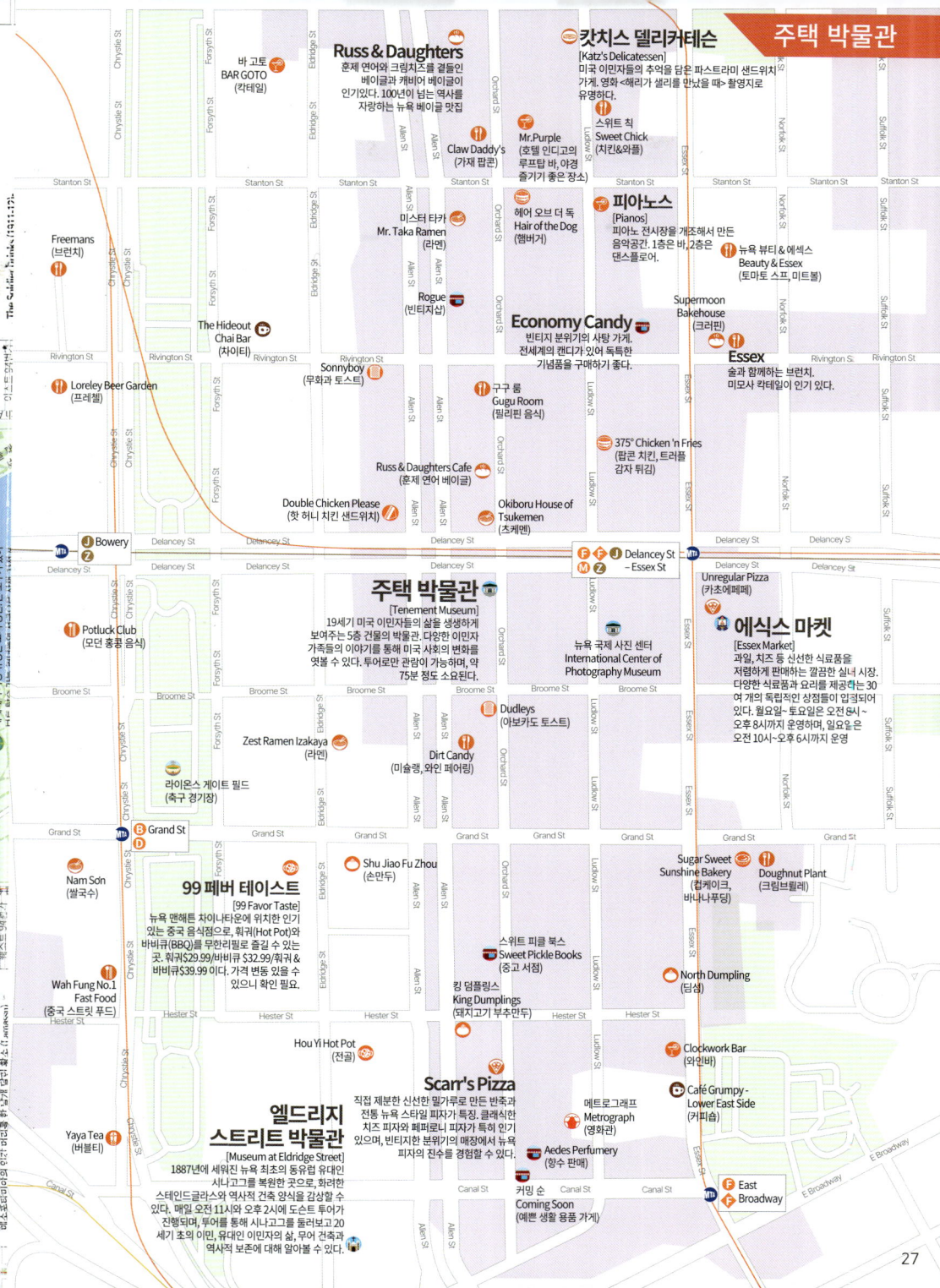

차이나 타운

마하야나 불교 사원
[Mahayana Buddhist Temple]
뉴욕에서 가장 큰 불교 사원 중 하나이다. 내부에는 웅장한 금빛 불상이 있다. 많은 분위기로 방문객들에게 인기

조스 상하이 본점
[Joe's Shanghai]
육즙이 풍부한 샤오롱바오가 유명하며 뉴욕 타임스와 미슐랭 가이드에서도 호평을 받고 있다. 특히 게살과 돼지고기 샤오롱바오를 추천한다.

Doyers St
뉴욕 차이나타운의 짧고 구불구불한 거리로, 갱단 간의 총격이 잦아 'Bloody Angle'이라는 역사적 별명을 가지고 있다. 현재는 Nom Wah Tea Parlor 같은 전통 레스토랑의 독특한 분위기로 여행객들에게 필수 방문지로 추천

Tasty Hand - Pulled Noodles
수타면 제작 과정을 볼 수 있고, 수타면 국수, 수타 탕면 등이 인기 있다. 한국인, 여행객들에게도 인기 있는 맛집

Apotheke Chinatown
과거 아편굴이었던 공간을 약국 같은 인테리어로 개조한 곳, 약사 옷을 입고 일하는 바텐더, 지료비 제로 제네가 있다.

차이나타운 아이스크림 팩토리
[The Original Chinatown Ice Cream Factory]
차이나타운에서 가장 오래된 레스토랑으로 전통 덤섬 메뉴를 유명하다. 대표적인 매뉴로 새우 하가우, 돼지고기 쇼마이, 그리고 세우 토스트 판매가

Shanghai 21
샤오롱바오와 양생전이 덤섬의 유명한 중식으로, 양생전이 덤섬은 지금껏 맛이 낙치는 볶이 없다.

Hop Kee Restaurant
아시안이 추천하는 차이나타운 맛집. 특히 솔트앤페퍼, 게 복음이 인기

콜롬버스 공원
[Columbus Park]
현지 주민들의 모여 전통 음식, 마작 등을 즐기는 모습을 볼 수 있다. 여유로운 분위기를 느낄 수 있는 차이나타운의 대표적인 휴식 공간

- Eldridge St
- K.O. Burger (트리플 버거)
- 포사이스 플라자 공원 Forsyth Plaza
- Manhattan Bridge Arch and Colonnade
- Sophie Irene Loeb Playground
- Shui Mei Cafe (중국 음식)
- Rome Piano Co (피아노 판매)
- Confucius Plaza courtyard (정원)
- Dim Sum Palace (샤오롱바오)
- Hwa Yuan Szechuan (북경 요리)
- Chatham Square Library
- Tous Les Jours (뚜레쥬르)
- E Noodle Chinatown (중국 요리)
- Great NY Noodletown (영문 국수)
- Famous Sichuan (사천 요리, 만두)
- Bake Culture (에그타르트, 중국식 베이커리)
- Koré Coffee (디카페인 라떼)
- Tai Pan Bakery (에그타르트)
- Elizabeth Center (쇼핑몰)
- Mei Lai Wah (연유빵, 돼지고기 빵)
- Chicha San Chen (버블티)
- Deluxe Green Bo (샤오롱바오)
- House of Joy (덤섬)
- Nom Wah Tea Parlor
- Ajisen Ramen (지산 라멘/아지 라멘)
- Wo Hop (우한)
- The Original Buddha Bodai Kosher Vegetarian Restaurant (채식 요리)
- Keki Modern Cakes (디저트)
- Big Wong (베이징덕)
- Bodhi Kosher Vegetarian Restaurant (채식)
- Uncle Lou 老舅人 (광동 음식)
- Alimama Tea (딱 토스, 버블티)
- Basement (2간판 게임을 즐기기 좋은 바)
- Wing On We & Co (중국풍 도자기 판매점)
- Ping's (하가우 새우 덤섬 샤오마이)

윌리엄스 버그

스모가스버그
[Smorgasburg Williamsburg]
미국 최대 규모의 주말 야외 푸드 마켓으로, 뉴욕 브루클린의 윌리엄스버그와 프로스펙트 파크 등에서 매년 4월부터 10월까지 운영. 이 기간 동안 매주 토요일과 일요일에 다양한 현지 음식 벤더들이 참여하여 독특한 요리를 선보인다. 그러나 11월부터 3월까지는 겨울철 기후로 인해 야외 마켓 운영이 중단된다.

Artists & Fleas Williamsburg
현지 아티스트와 디자이너들의 작품을 만날 수 있는 마켓으로, 주말마다 열리며 독특한 수공예품과 예술 작품을 볼 수 있다. 매주 토,일 11시~6시까지 진행

Spoonbill & Sugartown Books
예술, 디자인, 문학 분야의 서적을 판매하는 독립 서점으로 책과 독특한 아트북을 사랑하는 이들에게 추천하는 곳

Awoke Vintage Brooklyn
(엄선된 빈티지 의류와 액세서리를 판매하며, 아기자기한 소품과 합리적인 가격의 아이템을 찾을 수 있는 작은 빈티지 숍)

롱맨 커피 Blue Bottle Coffee
(고품질 스페셜티 커피를 제공하는 유명 커피 체인점)

BAGGU Brooklyn
(실용적이면서도 스타일리시한 에코백과 액세서리로 유명한 브랜드로, 다양한 패턴과 색상의 제품 판매)

Radegast Hall & Biergarten
오스트로-헝가리안 스타일의 비어홀로, 다양한 유럽 맥주와 전통 소시지, 슈니첼 등을 제공. 라이브 재즈와 브라스 밴드 공연이 매일 열려 활기찬 분위기를 즐길 수 있으며, 예약 없이도 방문하 가능

Williamsburg Halal Food (스트릿 푸드, 할랄 음식)

Gelateria Gentile - Williamsburg (젤라또)

Martha's Country Bakery
50년 이상의 전통으로 만든 디저트를 맛 볼 수 있다. 치즈 케이크, 당근 케이크 추천

Fresh Kills Bar (칵테일 바)

Birds of a Feather (마파두부)

데보시온 [Devoción]
천장이 통유리로 되어 있으며 라떼가 맛있기로 유명하다.

Bacàn (파스타, 브런치)

Caffe Valencia (커피, 와플)

Supreme (스트릿 브랜드)

Maison Premiere (굴 요리)

오로라 브루클린 Aurora Brooklyn (브런치, 에그베네딕트)

윌리엄 쉐리든 플레이 그라운드 William Sheridan Playground

Super Burrito (부리또)

Fini Pizza (피자)

어더 해프 브루잉 도미노 파크 Other Half Brewing Domino Park (양조장)

12 Chairs Café (후무스, 이스라엘 음식)

La Superior (타코, 마르가리타)

NamKeen (치킨)

Sauced (와인 바)

Sunday In Brooklyn
인스타 감성 브런치 맛집으로 특히 팬케이크가 유명. 치킨 샌드위치, 칵테일도 인기.

Blend Williamsburg (마가리타로 타코)

Pokito (칵테일 바)

Mekelburg's (아보카도 토스트, 크래프트 맥주)

Pies 'n' Thighs
바삭한 프라이드 치킨과 홈메이드 디저트로 유명한 곳. 바나나 크림 파이, 애플파이 추천

Misi (리코타 토스트, 휘핑 리코타치즈)

Taqueria Casa Imelda (부리또)

Butler (페이스트리, 블랙퍼스트)

도미노 공원 [Domino Park]
과거 도미노 설탕 공장 부지를 재생해 만들어졌다. 맨해튼 스카이라인을 배경으로 산책, 피크닉, 놀이시설을 즐길 수 있는 현대적인 휴식 공원. 이스트강 전망이 아름다운 곳.

Aska (미슐랭, 전채요리)

Williamsburg Art & Historical Center (예술 역사 센터)

Meadowsweet (미슐랭, 와규)

윌리엄스버그 브릿지 Williamsburg Bridge

Patrizia's of Williamsburg
150년 이상의 가족 레시피를 기반으로 한 정통 이탈리아 요리를 판매하는 곳으로, 메뉴 구성이 풍부하다. 상그리오, 부라타 추천

Bia (베트남 음식)

Bembe (라운지 바)

Diner (브런치)

피터 루거 스테이크 하우스
[Peter Luger Steak House]
뉴욕 3대 스테이크 맛집. STEAK FOR TWO, Creamed spinach가 인기 메뉴. 2인 이상일 때 포터하우스 스테이크를 주문하면 적절한 양으로 다양한 부위를 즐길 수 있음. 현금 결제만 가능

Social House Cafe & Coffee (페이스트리, 커피)

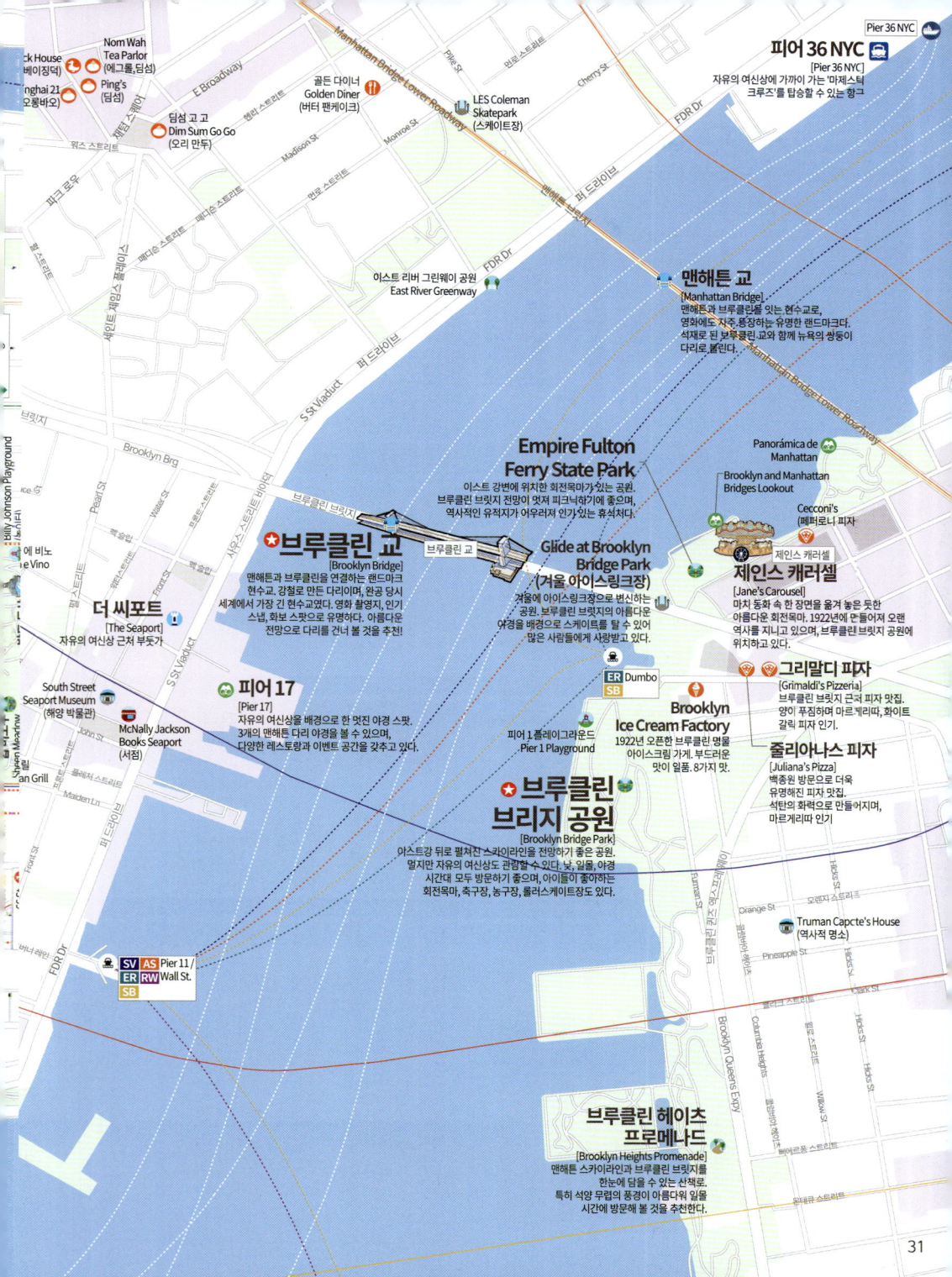

덤보

맨해튼 교
[Manhattan Bridge]
맨해튼과 브루클린을 잇는 현수교로, 영화에도 자주 등장하는 유명한 랜드마크다. 석재로 된 브루클린 교와 함께 뉴욕의 쌍둥이 다리로 불린다.

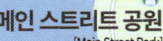
Panorámica de Manhattan

메인 스트리트 공원
[Main Street Park]
브루클린 브릿지와 맨하튼강의 전망을 볼 수 있는 아름다운 공원. 특히 아이들을 위한 놀이터와 반려견 운동장이 있어 가족과 함께 방문하기 좋다.

Empire Fulton Ferry State Park (겨울 아이스링크장)
이스트 강변에 위치한 회전목마가 있는 공원. 브루클린 브릿지 전망이 멋져 피크닉하기에 좋으며, 역사적인 유적지가 어우러져 인기 있는 휴식처.

Cecconi's (페퍼로니 피자)

제인스 캐러셀
[Jane's Carousel]
마치 동화 속 한 장면을 옮겨 놓은 듯한 아름다운 회전목마. 1922년에 만들어져 오랜 역사를 지니고 있으며, 브루클린 브릿지 공원에 위치하고 있다.

★ 브루클린 교
[Brooklyn Bridge]
맨해튼과 브루클린을 연결하는 랜드마크 현수교. 강철로 만든 다리이며, 완공 당시 세계에서 가장 긴 현수교였다. 영화 촬영지, 인기 스냅, 화보 스팟으로 유명하다. 아름다운 전망으로 다리를 건너 볼 것을 추천!

버틀러 Butler (아보카도 토스트)

Time Out Market New York
유명 음식점이 모여있는 푸드마켓. 5층 브루클린 브릿지 전망 테라스 식사 추천

Glide at Brooklyn Bridge Park
겨울에 아이스링크장으로 변신하는 공원. 브루클린 브릿지의 아름다운 야경을 배경으로 스케이트를 탈 수 있어 많은 사람들에게 사랑받고 있다.

Ignazio's (피자)

줄리아나스 피자
[Juliana's Pizza]
백종원 방문으로 더욱 유명해진 피자 맛집. 석탄의 화력으로 만들어지며, 마르게리따 인기

그리말디 피자
[Grimaldi's Pizzeria]
브루클린 브릿지 근처 피자 맛집, 양이 푸짐하며 마르게리따, 화이트 갈릭 피자 인기.

Brooklyn Ice Cream Factory
1922년 오픈한 브루클린 명물 아이스크림 가게. 부드러운 맛이 일품. 8가지 맛.

피어 1 플레이그라운드
Pier 1 Playground

1 호텔 브루클린 브리지
1 Hotel Brooklyn Bridge

힐사이드 도그 공원
Hillside Dog Park
(애견 공원)

★ 브루클린 브리지 공원
[Brooklyn Bridge Park]
이스트강 뒤로 펼쳐진 스카이라인을 전망하기 좋은 공원. 멀지만 자유의 여신상도 관람할 수 있다. 낮, 일몰, 야경 시간대 모두 방문하기 좋으며, 아이들이 좋아하는 회전목마, 축구장, 농구장, 롤러스케이트장도 있다.

하퀴 차핀 플레이그라운드
Harry Chapin Playground

Tutt (팔라)

브루클린 헤이츠 프로메나드
[Brooklyn Heights Promenade]
맨해튼 스카이라인과 브루클린 브릿지를 한눈에 담을 수 있는 산책로. 특히 석양 무렵의 풍경이 아름다워 일몰 시간에 방문해 볼 것을 추천한다.

Truman Capote's House
(역사적 명소)

Joe C (커피)

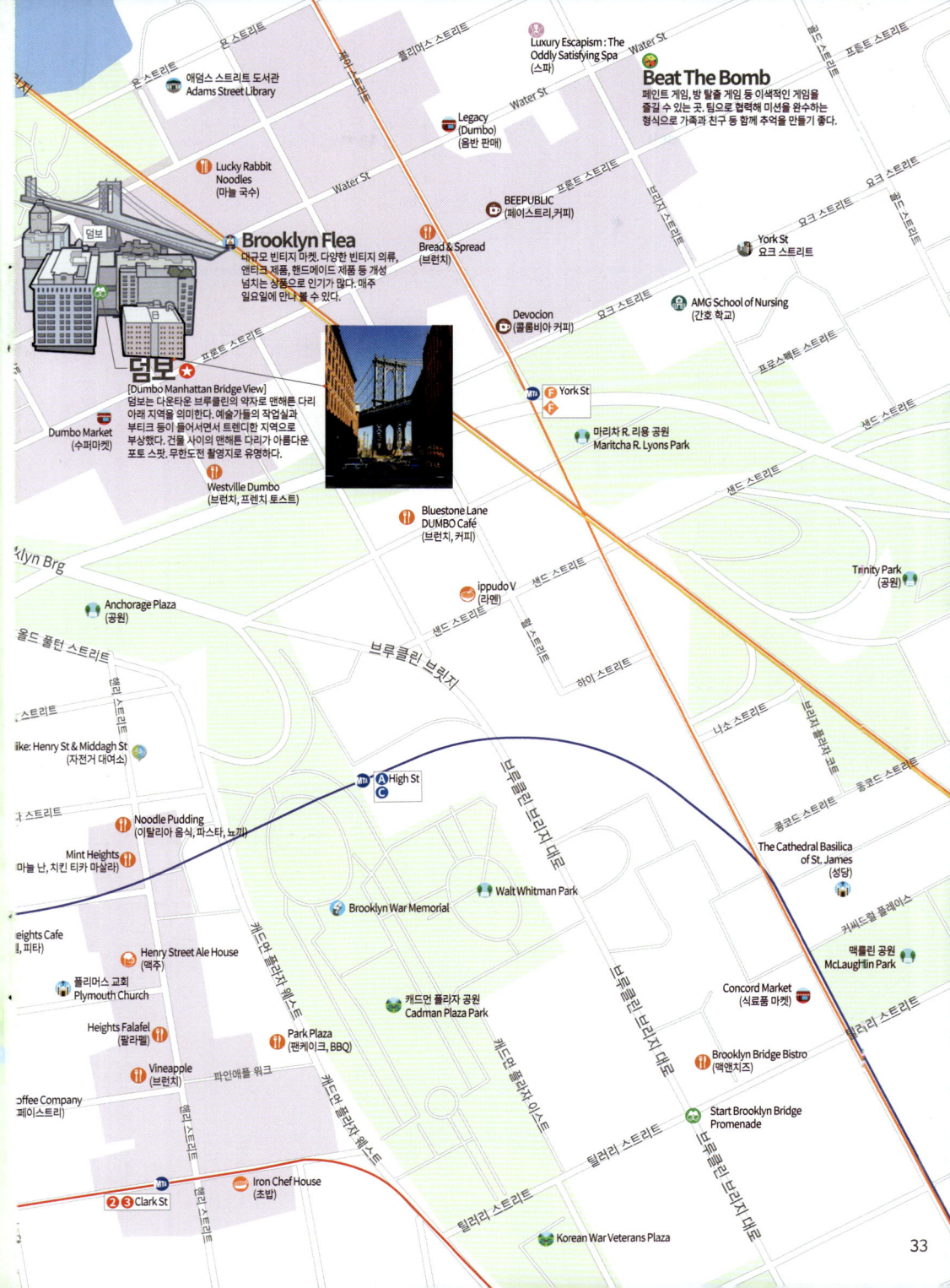

일반정보

스트리트와 애비뉴

뉴욕의 거리는 가로를 스트리트Street, 세로를 애비뉴 Avenue 라 한다. 쭉 뻗은 대로에 숫자가 붙어있어 위치를 파악하기 쉽다.

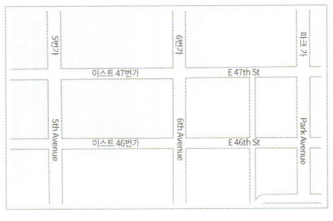

전압

미국 표준 전압은 120V, 주파수는 60Hz
한국(220V, 60Hz)과 다르므로, 멀티 어댑터와 변압기를 준비해야 한다.
대부분의 스마트폰, 노트북 충전기는 100-240V를 지원하므로 어댑터만 있으면 된다.
고전압 기기(헤어드라이어, 고데기 등)는 변압기를 꼭 사용해야 한다.

팁 문화

뉴욕은 팁 문화가 매우 중요. 서비스 업종에서 제공받은 서비스에 대해 팁을 주는 것이 기본.

- 레스토랑: 총 금액의 15~20%를 팁으로 준다. 계산서에 "Gratuity"나 "Service Charge"가 포함된 경우 추가로 팁을 줄 필요는 없다.
- 카페/바: 1잔당 $1~2 정도를 바텐더나 서버에게 팁으로 준다.
- 호텔:
  - 벨보이: 가방 1개당 $1~2
  - 하우스키핑: 1박당 $2~5
  - 컨시어지 서비스: 도움 정도에 따라 $5~20
- 택시/라이드 서비스: 요금의 10~15% 정도를 팁으로 준다.
- 가이드 투어: $5~10 정도 (투어의 길이나 내용에 따라 더 많이 줄 수 있음)

단위

뉴욕에서는 미터법 대신 미국식 단위를 사용

- 온도: 화씨(°F) → 섭씨로 변환: (화씨 - 32) × 5/9
  - 화씨 68°F ≈ 섭씨 약 20°C
- 거리: 마일(mile), 피트(feet), 인치(inch) 사용
  - 1마일 ≈ 1.6km
  - 1인치 ≈ 2.54cm
- 중량: 파운드(lb), 온스(oz) 사용
  - 1파운드 ≈ 0.45kg
  - 1온스 ≈ 28.35g
- 부피: 갤런(gallon), 온스(fl oz)
  - 1갤런 ≈ 3.785리터

뉴욕 관광 주요 패스

	뉴욕 빅애플패스	뉴욕 스마트 패스	뉴욕 익스플로러 패스	뉴욕 시티 패스
특징	인기 명소 입장권, 도슨트 투어, 워킹 투어 등을 최대 65% 할인	인기 명소 입장권, 한인 가이드 투어 등을 최대 70% 할인	첫 방문일로부터 60일 동안 유효한 패스로, 현지 투어 비중이 높음. 구매 단계에서 관광지를 지정할 필요 없이 원하는 날 현장에 가서 패스를 보여주고 입장 가능	총 5곳의 입장권을 할인하는 패스로, 엠파이어 스테이트 빌딩 전망대와 미국 자연사 박물관은 기본으로 포함되고 나머지 3개를 선택할 수 있음. 패스 개시일로부터 9일 동안 사용 가능
선택 가능 옵션 종류	59개 옵션 중 빅2~빅12 선택 가능	56개 옵션 중 빅2~빅12 선택 가능	110개 옵션 중 빅2~빅7, 빅10 선택 가능	아래 6개 옵션 중 나머지 3개 선택 가능 - 탑 오브 더 락 전망대 - 자유의 여신상&엘리스 아일랜드 페리 - 911 기념관 및 박물관 - 서클라인 크루즈 - 인트레피드 박물관 - 구겐하임 미술관
상품 가격 (성인 /어린이)	빅2 $69~/$60~ 빅3 $94~/$81~ 빅4 $119~/$102~ 빅5 $144~/$123~ 빅12 $319~/$270~	빅2 $69~/$60~ 빅3 $94~/$81~ 빅4 $119~/$102~ 빅5 $144~/$123~ 빅12 $319~/$270~	빅2 $84~/$69~ 빅3 $109~/$89~ 빅4 $144~/$119~ 빅5 $169~/$134~ 빅10 $289~/$239~	5곳 $148~/$126~
참고	옵션 중 프리미엄 관광지 선택 시 추가 요금 발생 (서밋 전망대, 자유의 여신상 야경 크루즈, 우드버리 아울렛 왕복 버스)		일부 관광지(엠파이어 스테이트 빌딩, 엘리스 아일랜드 페리 등)는 사전예약이 필요하므로 미리 확인	일부 관광지(엠파이어 스테이트 빌딩, 서클라인 크루즈 등)는 사전예약이 필요하므로 미리 확인
판매처	타미스 https://tamice.com/package-tour/ba-pass	앳홈트립 https://athometrip.com/ticket_pass/	Go City (한국어 지원) https://gocity.com/en/new-york	City Pass (한국어 미지원) https://www.citypass.com/new-york
추천 대상	한국인에게 가장 인기 있는 여행지 위주로 골라서 여행하고 싶은 경우 (두 패스 모두 기본 요금이 동일하고 대부분의 옵션도 비슷함. 상세 옵션 선택해서 가격 비교 후 선택하는 것을 추천)		갈 곳을 모두 미리 정하기보다는 즉흥적인 여행을 좋아하는 경우. 비슷비슷한 여행보다는 현지에서 다양한 투어를 경험하고 싶은 경우.	선택지가 너무 많아서 오히려 고민이 깊어지는 경우 추천. (2곳은 고정이고 나머지 3곳도 선택지가 매우 제한적이므로 진정한 자유도를 원하는 여행객에게는 비추천)
관광 명소 목록	- 서밋 전망대 피크 날짜 - 서밋 전망대 일반 날짜 - 탑 오브 더 락 전망대 - 원월드 전망대 - 호텔 전망대 - 엠파이어 스테이트 빌딩 전망대 - 자유의 여신상 다운타운 크루즈 - 자유의 여신상 랜드마크 크루즈 - 자유의 여신상 리버티 크루즈 - 자유의 여신상 주말&일요일 크루즈 - 자유의 여신상 야경 크루즈 - 자유의 여신상 베스트뉴욕 크루즈 - 모마 뉴욕 현대 미술관 - 모마 도슨트 투어 (한국어, 입장권 불포함) - 메트로폴리탄 미술관 - 메트로폴리탄 도슨트 투어 (한국어, 입장권 불포함) - 자연사 박물관 - 911 메모리얼 박물관 - 인트레피드 박물관 - 구겐하임 미술관 - 휘트니 미술관 - 마담투소+마블4D - 뉴욕 뱅크사 크루즈 - MERCER LABS : 미디어 아트 뮤지엄 - 센트럴파크 아이스링크 피크 날짜 - 센트럴파크 아이스링크 일반 날짜 - 우드버리 아울렛 왕복 버스 - 더 라이드 - 라이즈 뉴욕 - 더 라이드 프론트 로우 - 탑뷰 1시간 2층버스 - 탑뷰 24시간 2층버스 - 탑뷰 48시간 2층버스 + 리버티 크루즈 - 빅버스 1Day 디스커버 2층버스 - 빅버스 1Day 에센셜 2층버스 - 센트럴파크/브루클린 자전거 - 230 Fifth 루프탑바	- 탑 오브 더 락 전망대 - 원 월드 전망대 - 엠파이어 전망대 - 서밋 전망대 (일반시즌) - 서밋 전망대 (피크시즌) - 엣지 전망대 - 자유의 여신상 덴마크 크루즈 - 자유의 여신상 나이트 크루즈 - 자유의 여신상 미드타운 리버티 크루즈 - 자유의 여신상 다운타운 리버티 크루즈 - 모마 미술관 - 구겐하임 미술관 - 휘트니 미술관 - 자연사 박물관 - 911 메모리얼 박물관 - 해양 우주 항공 박물관 - 마담투소+마블4D - 머서 랩 - 라이즈 뉴욕 - 버드맨 크리스마스 재즈 - 올데이 자전거 - 센트럴파크 울먼 아이스링크 (일반시즌) - 뉴욕의 겨울을 가장 로맨틱하게 (스케이트포함) - 센트럴파크 울먼 아이스링크 (피크시즌) - 뉴욕 양키스 MLB (일반시즌) - 뉴욕 양키스 MLB (피크시즌) - 탑뷰 24시간 2층버스+나이트투어 - 탑뷰 2층 버스 나이트 투어 - 우드버리 아울렛 왕복 버스 - 우드버리 아울렛 왕복 버스 - 메트로폴리탄 한국어 도슨트 (입장권포함) - 모마 도슨트 (입장권포함)	- 엠파이어 스테이트 빌딩 - 엣지 전망대 - 탑 오브 더 락 전망대 - 미국 자연사 박물관 - 원 월드 전망대 - 빅버스1일권 다운타운 & 업타운 - 유람선 송파트 투어 - 모마 현대미술관 - 9/11 메모리얼 & 뮤지엄 - 구겐하임 미술관 - 인트레피드 박물관 - 언리미티드 바이킹의 센트럴 파크 트레일 자전거 대여 - 마담 투소 입장 + 마블 유니버스 4D - 언리미티드 바이킹의 센트럴 파크 트레일 투어 - 라이즈 뉴욕 - 뉴욕 양키스 게임 티켓 - 메디슨 스퀘어 가든 투어 - 록펠러 센터 투어 - 더 라이드 - The Museum of Broadway - 뉴욕 성 박물관 - 코니 아일랜드의 루나 파크 - 하버 라이트 크루즈: 서클 라인 관광 - 아트하우스 뉴욕 - 자유의 여신상 일몰 크루즈 - 뉴욕 최고의 크루즈 투어: 서클 라인 관광 - 휘트니 미술관 - 서클 라인 뉴욕 랜드마크 크루즈 - 브루클린 브릿지 자전거 종일 대여 - 리버티 슈퍼 익스프레스 크루즈 - 포토 그래퍼가 뉴욕 사진 투어 - 뉴욕 수족관 - 코니 아일랜드 덱스 원더볼 놀이공원 - 아트 디자인 박물관 - 쿠바 음식 걷기 투어 - 우드버리 일반 버스 - 뉴욕 역사 협회 박물관 - 유대인 문화유산 박물관 - 엘드리지 스트리트 박물관 - 뉴욕 국제 사진 센터 - 뉴욕 과학관 - 뉴저지 해양 생물 수족관 - 뉴욕 레고랜드® 디스커버리 센터 - 사우스 스트리트 시포트 박물관 - 스태튼 아일랜드 동물원 - 브루클린 식물원 (Brooklyn Botanic Garden) - 현대미술관 PS1 - 웨스트체스터 레고랜드® 디스커버리 센터 - 스태튼 아일랜드 어린이 박물관 - 스너그 하버 문화 센터&식물원 - 페일리 미디어 센터	- 고정 - 엠파이어 스테이트 빌딩 전망대 - 미국 자연사 박물관 - 선택 (택3) - 탑 오브 더 락 전망대 - 자유의 여신상 & 엘리스 아일랜드 페리 - 911 기념관 및 박물관 - 서클라인 크루즈 - 인트레피드 박물관 - 구겐하임 미술관

34

뉴욕에서 꼭 가봐야하는 스포츠 경기

스포츠	팀	경기장	가는방법	주요시즌	티켓 구매	평균티켓가격(USD)
야구	뉴욕 양키스 (Yankees)	양키 스타디움 (Bronx)	지하철 4번 또는 D, B라인 탑승 → 161st Street – Yankee Stadium역에서 하차	4월~10월 (MLB 정규시즌)	공식 사이트 https://www.mlb.com/yankees	$25~$150
	뉴욕 메츠 (Mets)	시티 필드 (Queens)	지하철 7번 라인 탑승 → Mets-Willets Point역에서 하차	4월~10월 (MLB 정규시즌)	공식 사이트 https://www.mlb.com/mets	$20~$100
농구	뉴욕 닉스 (Knicks)	매디슨 스퀘어 가든 (Manhattan)	지하철 A, C, E 또는 1, 2, 3 라인 탑승 → 34th Street – Penn Station역에서 하차	10월~4월 (NBA 정규시즌)	공식 사이트 https://www.nba.com/knicks	$50~$300
	브루클린 네츠 (Nets)	바클레이스 센터 (Brooklyn)	지하철 2, 3, 4, 5 또는 B, D, N, Q, R 라인 탑승 → Atlantic Avenue – Barclays Center역에서 하차	10월~4월 (NBA 정규시즌)	공식 사이트 https://www.nba.com/nets	$30~$200
미식축구	뉴욕 자이언츠 (Giants)	메트라이프 스타디움 (New Jersey)	뉴욕 펜역(Penn Station)에서 NJ 트랜짓 열차 탑승 → Secaucus Junction역 하차, 셔틀버스 환승	9월~1월 (NFL 정규시즌)	공식 사이트 https://www.giants.com	$100~$400
	뉴욕 제츠 (Jets)	메트라이프 스타디움 (New Jersey)	뉴욕 펜역(Penn Station)에서 NJ 트랜짓 열차 탑승 → Secaucus Junction역 하차, 셔틀버스 환승	9월~1월 (NFL 정규시즌)	공식 사이트 https://www.newyorkjets.com	$80~$300
아이스하키	뉴욕 레인저스 (Rangers)	매디슨 스퀘어 가든 (Manhattan)	지하철 A, C, E 또는 1, 2, 3라인 탑승 → 34th Street – Penn Station 역에서 하차	10월~4월 (NHL 정규시즌)	공식 사이트 https://www.nhl.com/rangers	$60~$250
	뉴욕 아일랜더스 (Islanders)	UBS 아레나 (Long Island)	롱아일랜드 철도(LIRR) 탑승 → Elmont – UBS Arena역에서 하차	10월~4월 (NHL 정규시즌)	공식 사이트 https://www.nhl.com/islanders	$40~$150
축구	뉴욕 시티 FC (NYCFC)	양키 스타디움 (Bronx)	지하철 4번 또는 D, B 라인 탑승 → 161st Street – Yankee Stadium 역에서 하차	2월~10월 (MLS 정규시즌)	공식 사이트 https://www.nycfc.com	$25~$100
	뉴욕 레드불스 (Red Bulls)	레드불 아레나 (New Jersey)	뉴욕 펜역(Penn Station)에서 PATH 열차 탑승 → Harrison Station역에서 하차	2월~10월 (MLS 정규시즌)	공식 사이트 https://www.newyorkredbulls.com	$20~$80

원 월드 전망대 정보

-운영 시간
매일: 오전 9시부터 오후 9시까지
-입장료
성인: $47.91 / 어린이(6~12세): $32.00 / 노인(65세 이상): $45.00
-스카이포드 엘리베이터(SkyPod Elevator)
단 47초 만에 102층에 도달하며, 뉴욕의 역사 변천사를 보여주는 디지털 영상이 상영된다. 탑승 시 창가 쪽을 추천.
-전망대에서 꼭 해봐야 할 것
 1. 스카이 포털(Sky Portal)
유리 바닥을 통해 발 아래의 뉴욕 거리를 실시간으로 감상할 수 있다.
 2. 시티 펄스(City Pulse)
뉴욕의 역사와 문화를 인터랙티브로 체험할 수 있는 디지털 전시.
터치스크린으로 다양한 정보를 탐색할 수 있다.

첼시마켓에서 유명한 기념품

1. 팻 위치 베이커리 (Fat Witch Bakery)
이 베이커리는 다양한 맛의 브라우니로 유명하며, 귀여운 마녀 캐릭터가 그려진 포장용으로 인기가 많다. 오리지널 브라우니부터 시즌 한정 메뉴까지 다양한 선택이 가능

2. 사라베스 (Sarabeth's Bakery)
사라베스는 고급스러운 잼과 베이커리 제품으로 유명. 특히 오렌지 아프리콧 잼은 많은 이들이 추천하는 제품으로, 선물용으로도 좋다.

3. 앤트로폴로지 (Anthropologie)
패션, 홈 데코, 액세서리 등 다양한 제품을 판매하는 라이프스타일 브랜드로, 독특한 디자인의 상품들을 찾아볼 수 있다.

4. 리틀 파이 컴퍼니 (Little Pie Company)
디저트 전문점으로, 다양한 맛의 파이를 판매하는데, 특히 사워 크림 애플 파이가 인기 메뉴.

5. 첼시 마켓 바스킷스 (Chelsea Market Baskets)
첼시 마켓에 위치한 전문 식품 및 선물 상점. 세계 각국의 고품질 식료품과 독특한 디자인의 선물을 선보이고 있다. 다양한 테마와 가격대의 기프트 바구니를 제공해서 고르는 재미가 있다.

휘트니 미술관 정보

-운영 시간
월, 수, 목요일: 오전 10시 30분 ~ 오후 6시 / 금, 토: 오전 10시 30분 ~ 오후 10시
화요일: 휴관
-입장료
성인: $30 / 학생 및 시니어(65세 이상): $24 / 18세 이하: 무료
-무료 입장
매주 금요일 오후 5시부터 10시까지 / 매월 두 번째 일요일
2024년 12월부터 25세 이하 방문객은 무료 입장 가능
-유명 작품
에드워드 호퍼 – 이른 일요일 아침 (7층)
조지아 오키프 – 여름날 (7층)
재스퍼 존스(Jasper Johns) – 세 개의 깃발 (7층)
앤디 워홀(Andy Warhol) – 초상화 (7층)
-Tip
시간이 제한된 방문객이라면 7층을 중심으로 관람하시는 것을 추천
8층 테라스에서 허드슨 강과 뉴욕 시내의 전경 감상 추천

루즈벨트 아일랜드 트램웨이 (Roosevelt Island Tramway)

뉴욕 맨해튼과 루즈벨트 아일랜드를 연결하는 공중 케이블카로, 이스트 강을 가로지르며 약 3~4분 만에 두 지점을 오갈 수 있다. 일몰이나 야경 시간대에 탑승하면 더욱 아름다운 경관을 즐길 수 있다.

-운영 시간
일요일~목요일: 오전 6시 ~ 다음 날 오전 2시
금요일~토요일: 오전 6시 ~ 다음 날 오전 3시 30분

-배차 간격
출퇴근 시간(10시 30분, 오후 2시 30분~8시): 약 7분 간격
주말(토일 오후 10시): 약 7분 간격
그 외 시간: 약 15분 간격

-요금
편도 $2.90 (2024년 기준)
MTA 메트로카드 및 OMNY 시스템을 통한 결제 가능
무제한 메트로카드 소지자는 추가 요금 없이 이용 가능

-탑승 위치
맨해튼 측: 59번가와 2번가 교차로 근처의 트램웨이 플라자
루즈벨트 아일랜드 측: 루즈벨트 아일랜드 트램 정류장

01 에이든 여행지도의 대부분 지점에 바로 방문이 가능한 '숙박', '레스토랑', '기념품타지 등이 이어져 있습니다.

PACKAGE

"에이든 여행지도."

이제 여행이 해외의 여행지도를 체계적으로 통합한 탐험관광이 됩니다.

모든 지도의 장점을 모두 모아서 만든 종이 지도입니다. 휴대용지도, 크게 펼쳐 볼 수 있는 장점을 가지면서도 여러 장의 지도를 한 화면에서 볼 수 있는 디지털지도의 장점까지 그대로 재현했습니다. 3장 크기로 접어서 후대하기 편리하며 필요할 때마다 펼쳐서 계단처럼 사용할 수 있게 그림 옷을 입혔습니다. 또한 접지된 지도를 2장까지 접으로 그대로 이어서 볼 수 있어 만들었습니다.

COMPOSITION

1. 개별정보와 세부 이어있지, 이정표, 지점 등 까지 주요지점을 담은 상세 지도 (A1 기준)
2. 매1 지역마다 20가지의 훈장 추천 스폿 하이 관광 지도 (A1 기준)
3. 위 지도들과 동반해서 볼 수 있는 야간 지도 포함 전역지도를 한눈에 볼 수 있는 지도 (A5 사이즈)
4. 매1 여행에 전체를 사용할 수 있는 후대용 노트 유용한 팁과 서비스를 입은 노트북가이드 A5
5. 전체 스토리와 1000개 팁이 가서 있는 여행 책 및 좋은 추천 혹은 꽉 찬 수 있는 가이드 1개
6. 스마트폰까지 연결하여 장승주를 하고 인증카피 같아 수 있는 빠키지 게이스

02 이렇게 좋은 여행지도 수가 만들었을까요?

17년 경험의 여행전문가 전원이 그린 에이든

"야행 난 마빠가 만들었던 것이 아닙니다."

이 문장 그리고 모험의 영혼이, 야건지는 수많은 경험이 쌓여야 좋은 것이 야기가 됩니다. 에이든은 경험이 부족한 편집자나 데이터 전문가가 가지는 수 있는 지도가 아닙니다. 여행정보의 최전반에서 17년을 넘긴 수많은 탐험여행 전문가들이 지친 수가를 모여서 만들어주신 지도입니다.

이곳에 담긴 7만개 이상의 지도는 모두 여행을 위해 특별히 엄선한 것들입니다. 한곳 한곳이 여행자의 취향에 따라서 가장 어울리는 곳을 전문가가 추천하신 특별한 곳들이 담겨 있습니다!

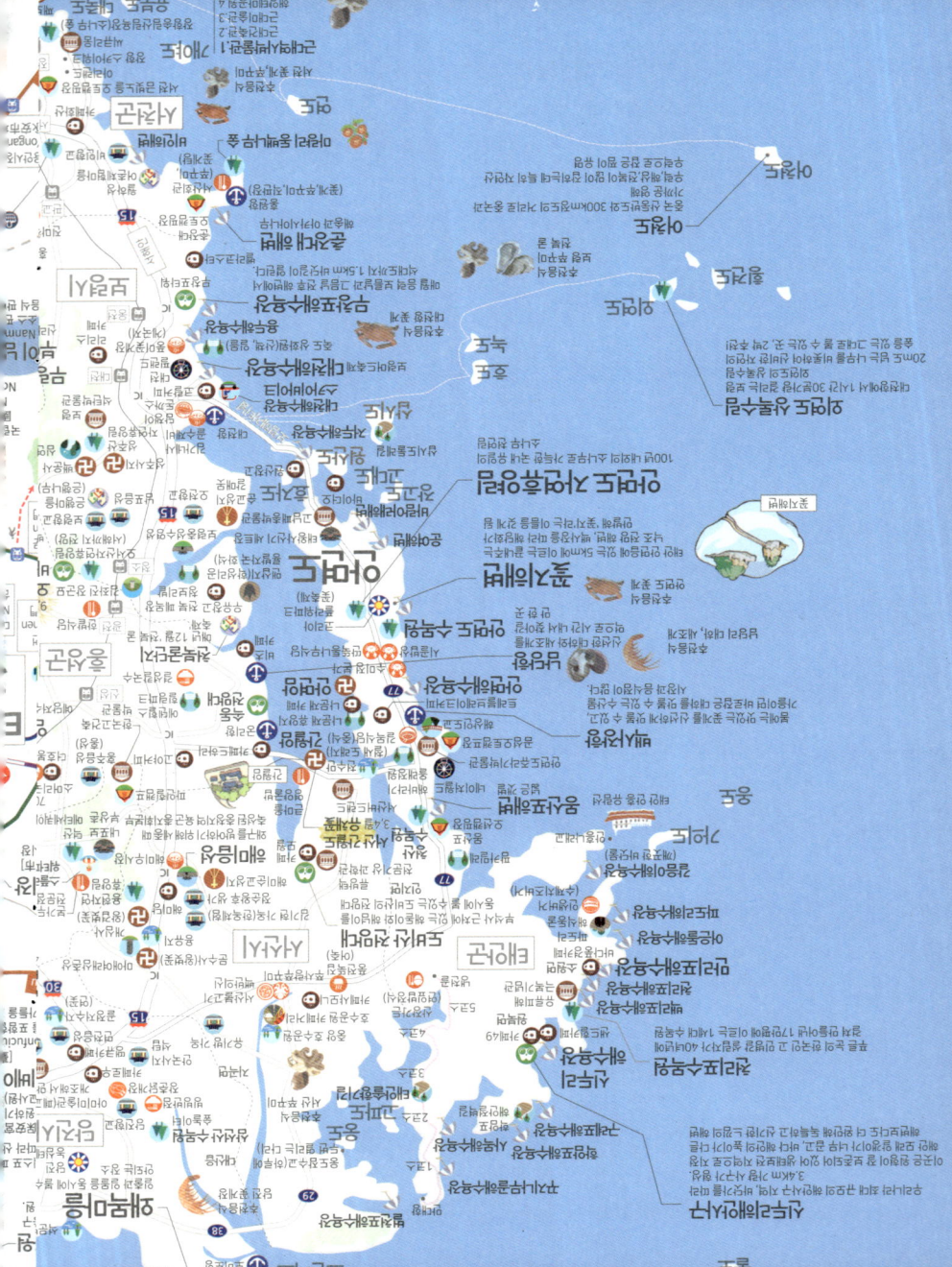

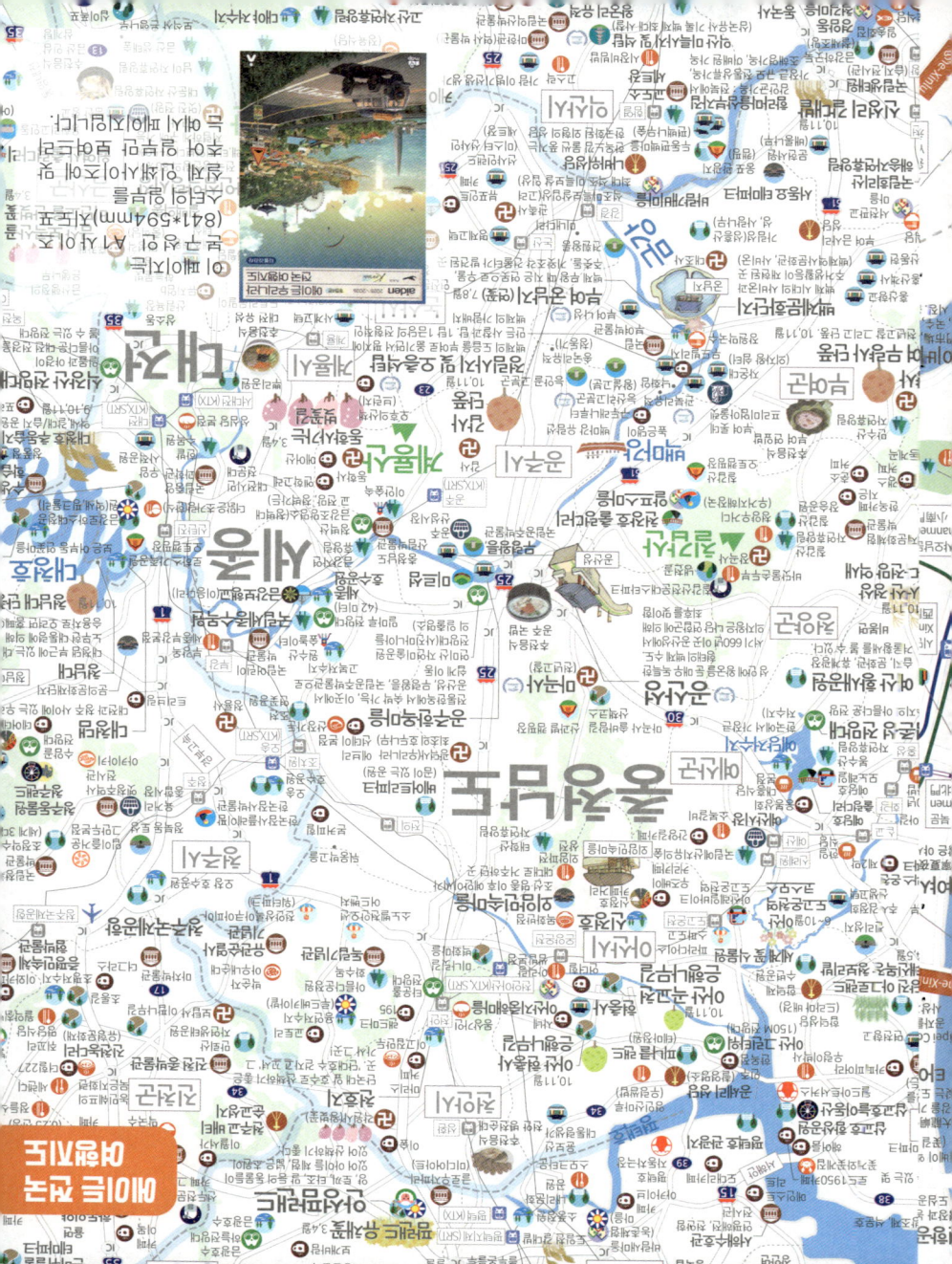

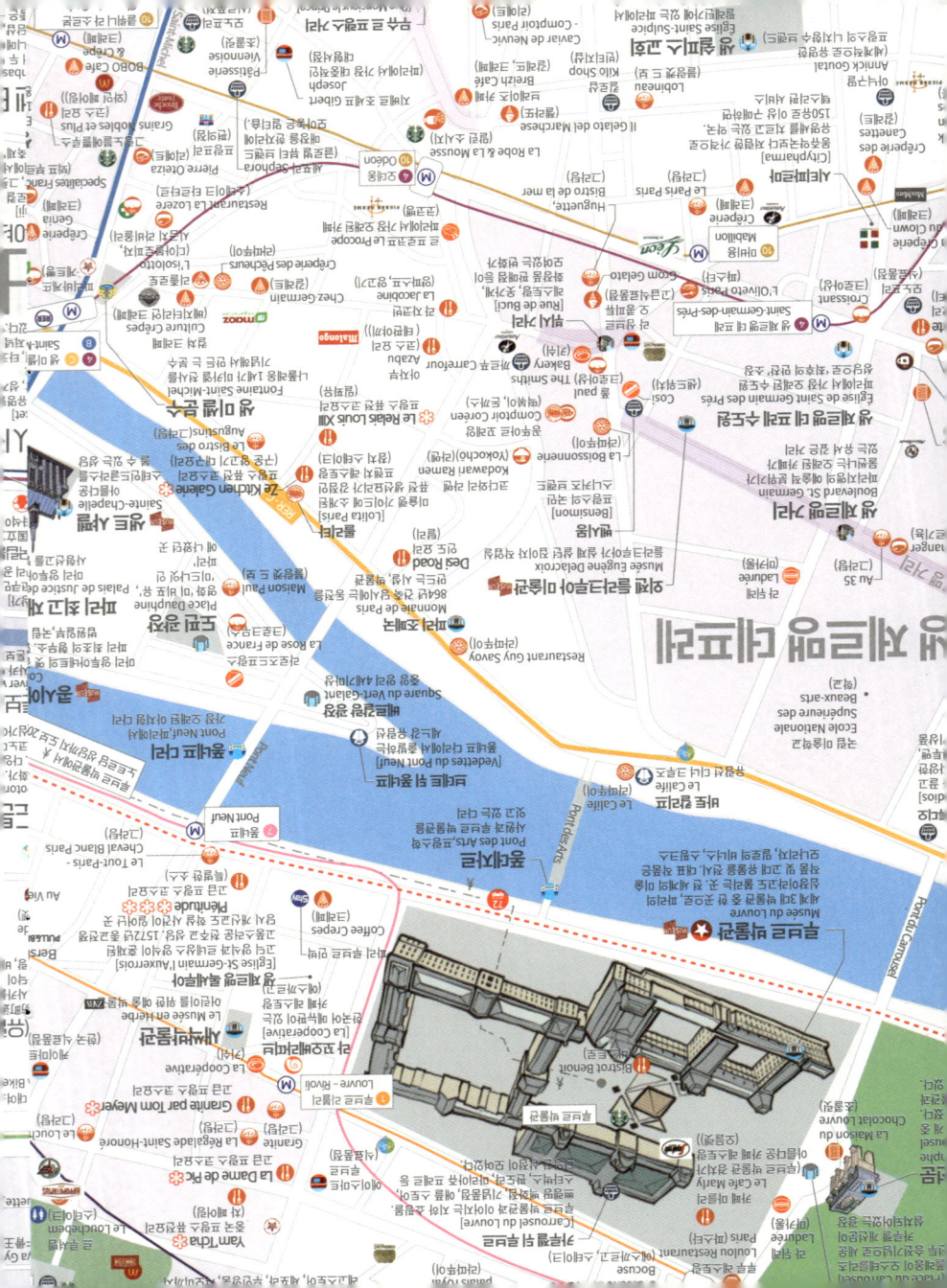

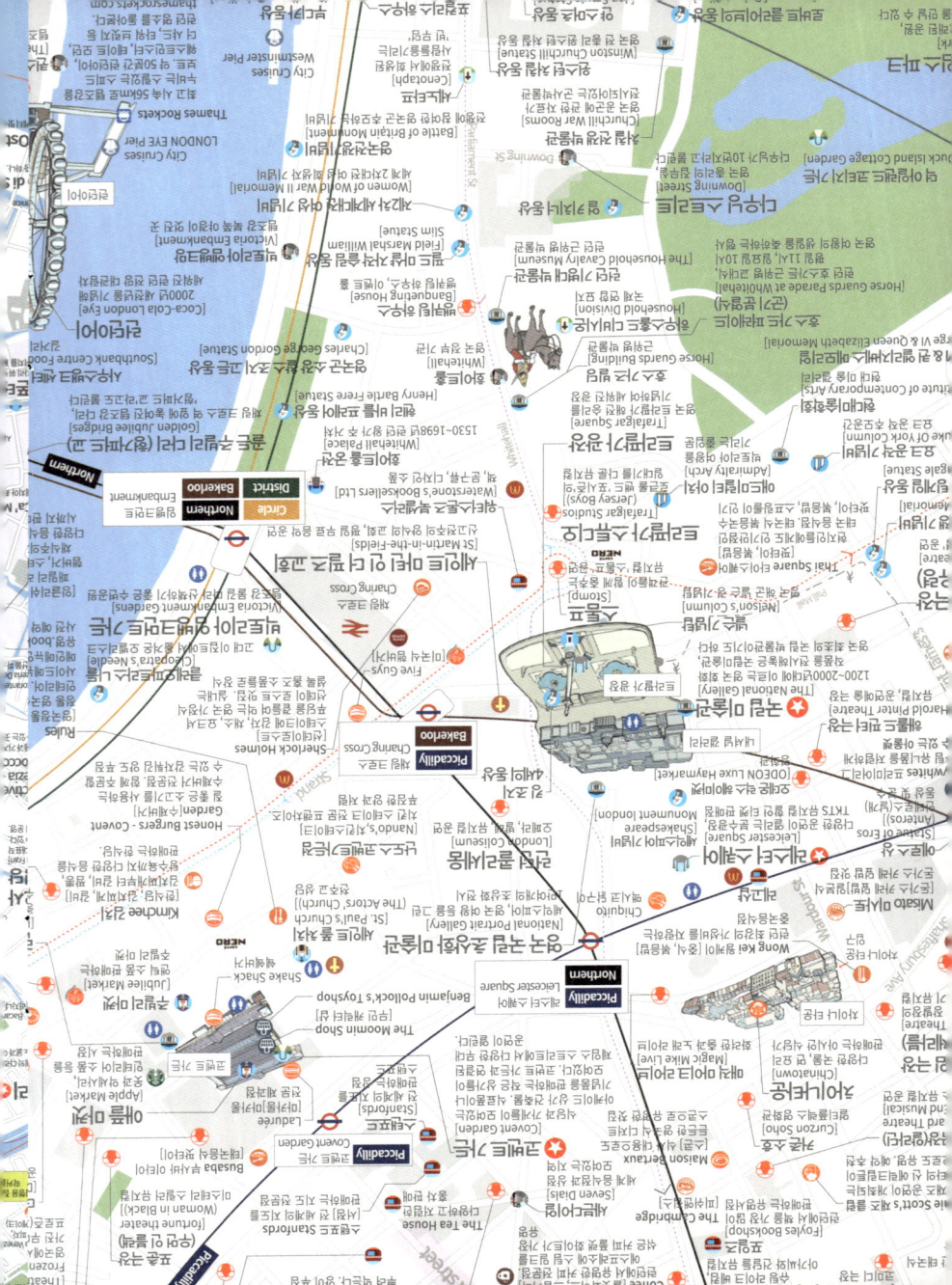

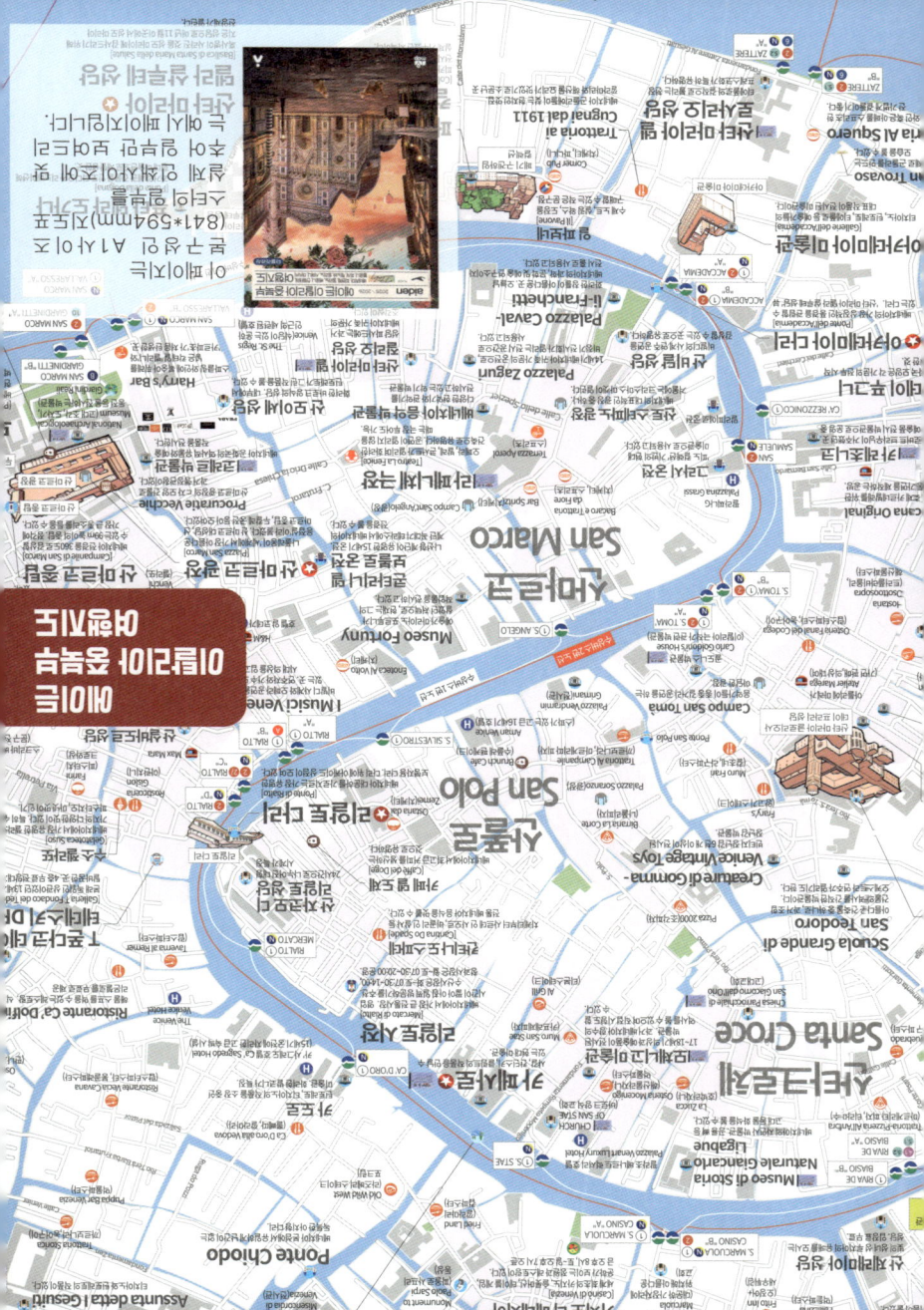

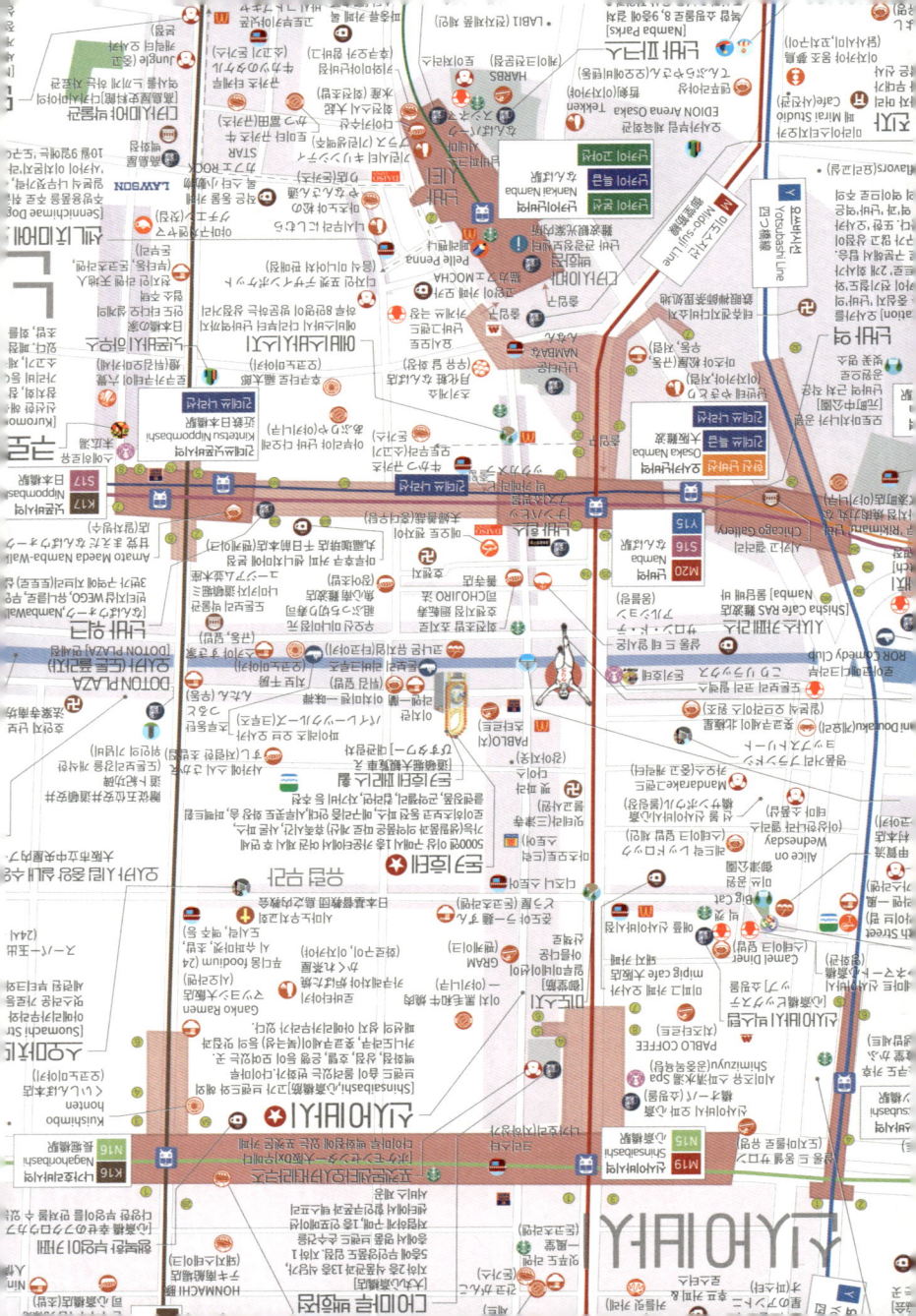

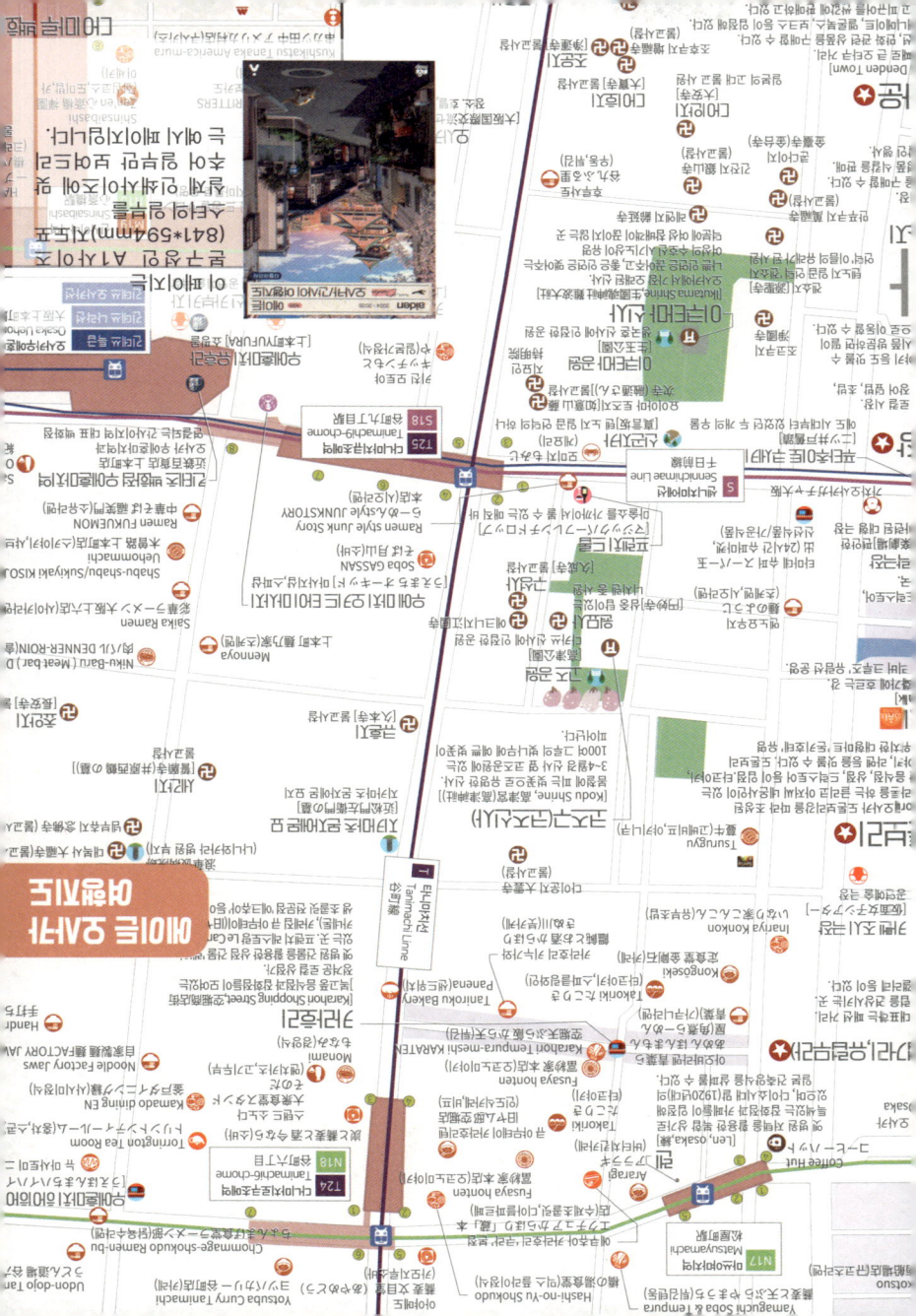

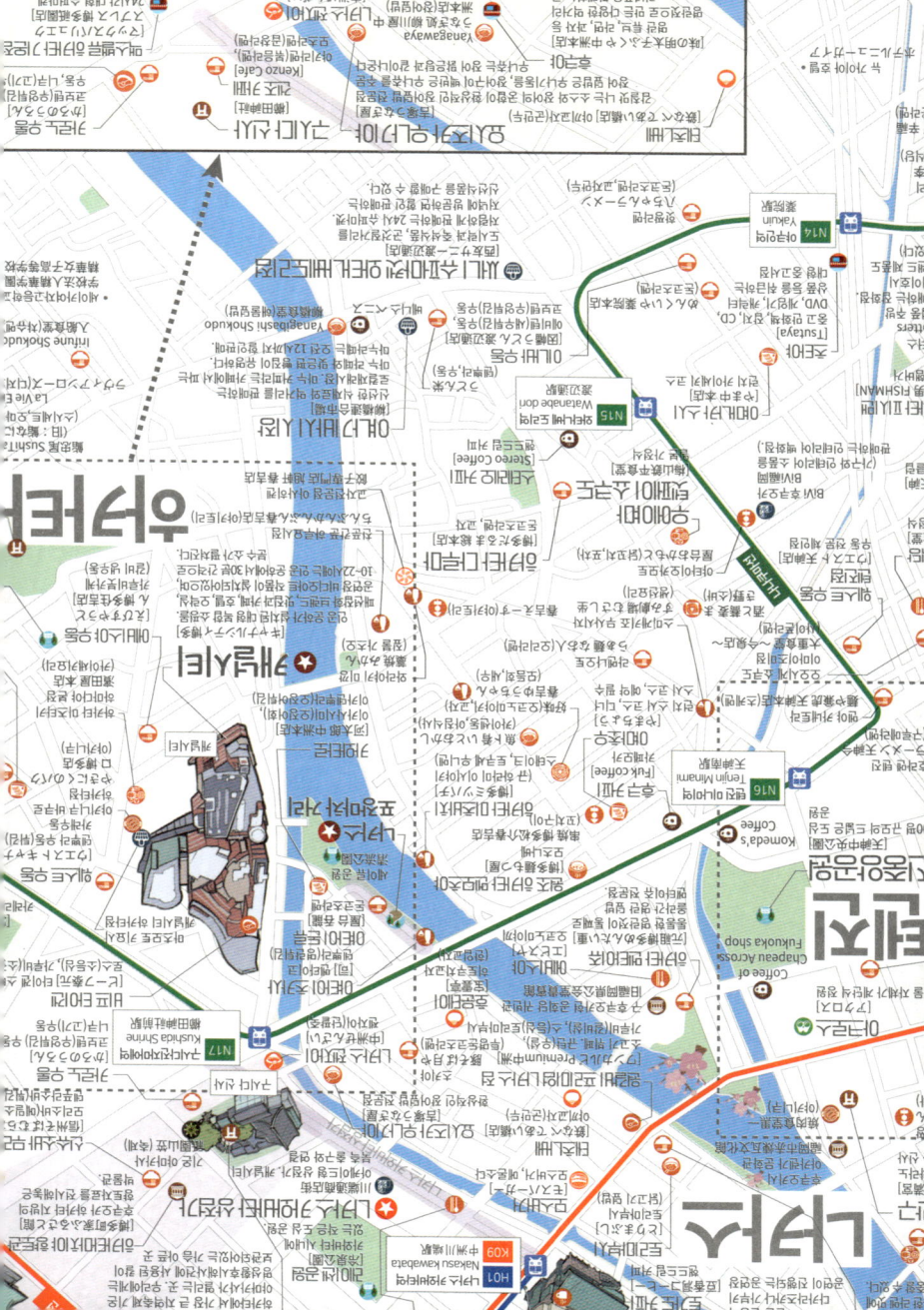

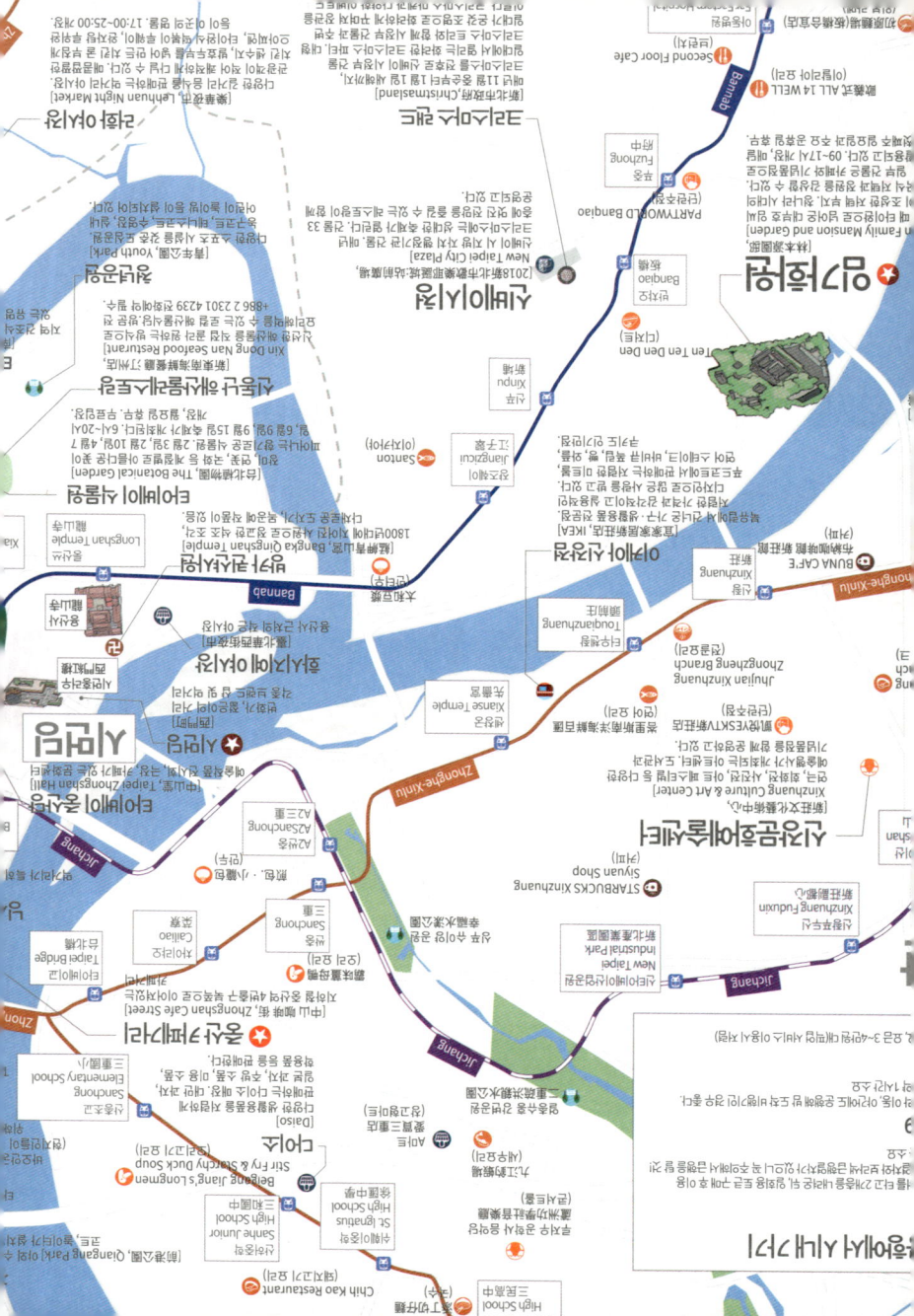

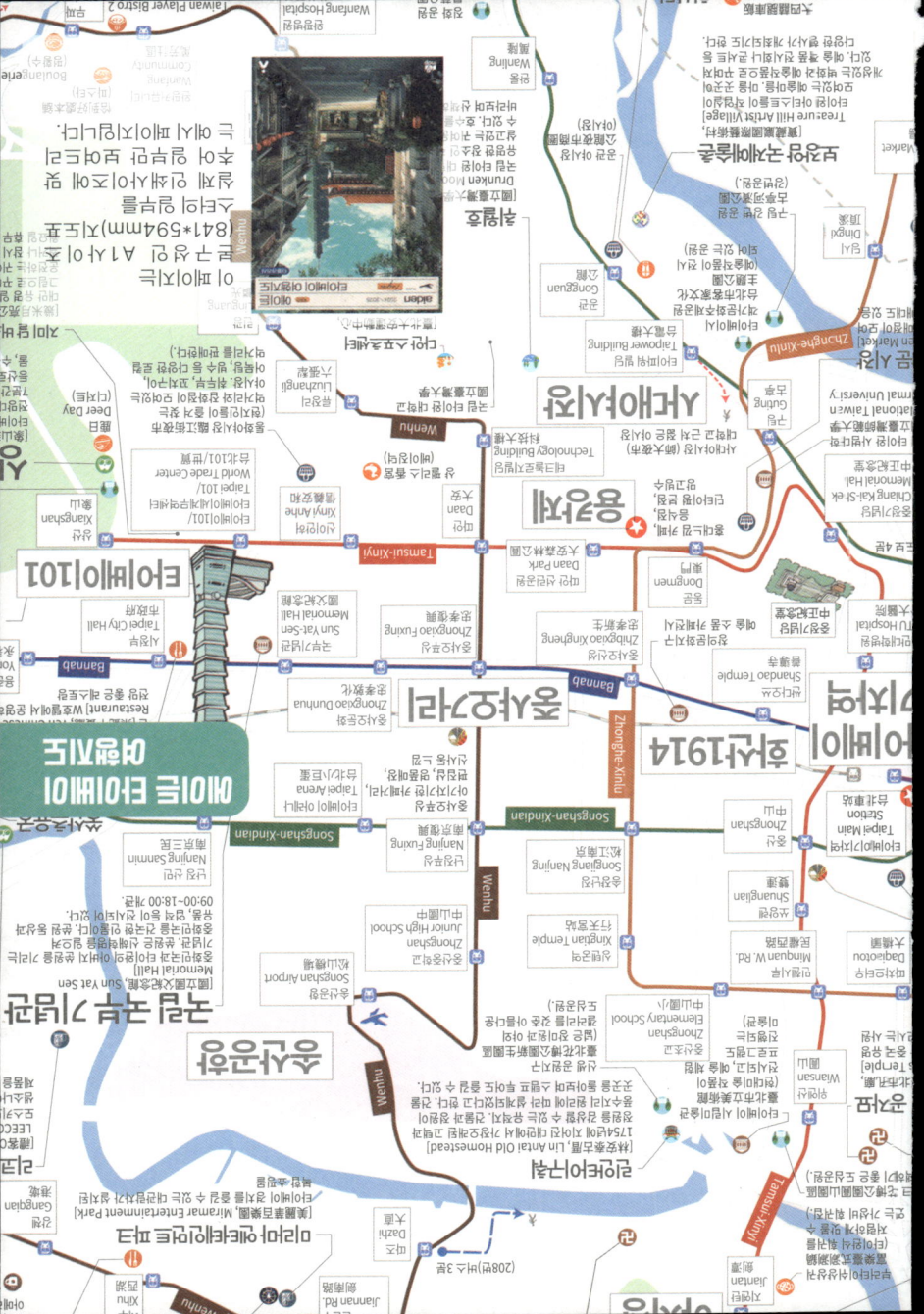

TIME LINE
SCHEDULE - 덤보

DAY 1 /   / ~ /   /

- 8:00 AM
- 9:00 AM
- 10:00 AM
- 11:00 AM
- 12:00 PM
- 13:00 PM
- 14:00 PM
- 15:00 PM
- 16:00 PM
- 17:00 PM
- 18:00 PM
- 19:00 PM
- 20:00 PM
- 21:00 PM
- 22:00 PM
- 23:00 PM

DAY 2 /   / ~ /   /

- 8:00 AM
- 9:00 AM
- 10:00 AM
- 11:00 AM
- 12:00 PM
- 13:00 PM
- 14:00 PM
- 15:00 PM
- 16:00 PM
- 17:00 PM
- 18:00 PM
- 19:00 PM
- 20:00 PM
- 21:00 PM
- 22:00 PM
- 23:00 PM

* 시간별로 계획을 세워보세요.

TRAVEL PLAN
SUMMARY - 덤보

TITLE

- DATE   /   /   ~   /   /
- CITY
- WITH
- VEHICLE

MUST GO PLACES

STAY

MUST EAT FOODS

MUST GO RESTAURANTS

MUST GO CAFE

MUST BUYING

MUST DO ACTIVITIES

MEMOS

* 지도를 보면서 나만의 여행계획을 만들어 보세요.

PREVIEW
CHECK LIST - 덤보

TO DO LIST

- ☐ 맨해튼 브리지 룩아웃에서 맨해튼 브리지 야경 보기
- ☐ 브루클린 브리지 공원에서 스카이라인 전망 야경 보기
- ☐ 브루클린 브릿지 걸어보기
- ☐ 에밀리 워런 로블링 플라자에서 피크닉 즐기기
- ☐ 제인스 캐러셀 회전목마 타기
- ☐ 제인스 캐러셀 회전목마 야경 보기
- ☐ 페블 비치 조약돌 해변에서 맨해튼 뷰 보기
- ☐ Beat The Bomb에서 방 탈출 게임 즐기기
- ☐ Brooklyn Flea 마켓에서 빈티지 상품 구경하기
- ☐ Glide at Brooklyn Bridge Park 아이스링크에서 스케이트 타기
- ☐ Luxury Escapism : The Oddly Satisfying Spa에서 스파 즐기기
- ☐ Time Out Market New York에서 맨해튼 브리지 보며 식사하기
- ☐ Vinegar Hill House에서 팬케이크 먹기
- ☐ Washington St에서 건물 사이로 보이는 맨해튼 브리지 인증샷 찍기

LANDMARK LIST

- ☐ 그리말디 피자
- ☐ 뉴욕 교통박물관
- ☐ 맨해튼 브리지 룩아웃
- ☐ 브루클린 교
- ☐ 에밀리 워런 로블링 플라자
- ☐ 제인스 캐러셀
- ☐ 줄리아나스 피자
- ☐ 캐드먼 플라자 공원
- ☐ 코모도어 배리 공원
- ☐ 페블 비치
- ☐ 하버 뷰 론
- ☐ Authentic Experiences
- ☐ Beat The Bomb Brooklyn
- ☐ Brooklyn Flea
- ☐ Brooklyn Ice Cream Factory
- ☐ City Point BKLYN
- ☐ Duggal Greenhouse
- ☐ Empire Fulton Ferry State Park
- ☐ Evil Twin Brewing NYC - DUMBO
- ☐ Front General Store
- ☐ Luxury Escapism : The Oddly Satisfying Spa
- ☐ POWERHOUSE Arena
- ☐ Trader Joe's
- ☐ Truman Capote's House
- ☐ usagi
- ☐ Vinegar Hill House
- ☐ Washington St
- ☐ Westville Dumbo

MUST DO ACTIVITIES LIST

- ☐ 맨해튼 브리지 룩아웃 맨해튼 브리지 야경
- ☐ 브루클린 브리지 공원 야경
- ☐ 에밀리 워런 로블링 플라자 피크닉
- ☐ 제인스 캐러셀 회전목마
- ☐ 제인스 캐러셀 회전목마 야경
- ☐ 페블 비치 조약돌 해변 맨해튼 뷰
- ☐ Beat The Bomb 방 탈출 게임
- ☐ Brooklyn Flea 마켓 구경
- ☐ Evil Twin Brewing 양조장
- ☐ Glide at Brooklyn Bridge Park 아이스링크
- ☐ Luxury Escapism : The Oddly Satisfying Spa
- ☐ Randolph Beer 양조장
- ☐ Washington St 맨해튼 브리지 인증샷

MUST BUYING LIST

- ☐ 로투스 비스코프 스프레드
- ☐ 메이플 시럽
- ☐ 무화과 버터 스프레드
- ☐ 슈프림 의류
- ☐ 아몬드 버터
- ☐ 커버드 미니 프레첼
- ☐ 클로버 허니 베어 보틀
- ☐ Brooklyn Flea 빈티지
- ☐ Front General Store 빈티지 웨어
- ☐ Jacques Torres 초콜릿 쿠키
- ☐ POWERHOUSE 아트북
- ☐ usagi 말차

MUST EAT LIST

- ☐ 과일 페이스트리 사워
- ☐ 뉴욕 피자
- ☐ 랍스터 스파게티
- ☐ 리가토니 볼로네제
- ☐ 배럴 에이지드 스타우트
- ☐ 브랙퍼스트 부리또
- ☐ 브런치
- ☐ 양고기 라구
- ☐ 에그베네딕트
- ☐ 임페리얼 더블 페이스트리 스타우트
- ☐ 카초 에 페페
- ☐ 코코아 크림 에일
- ☐ 키슈
- ☐ 파티오
- ☐ 폭찹

* 어떻게 여행을 해야하는지 알려드려요.

TIME LINE

SCHEDULE - 파이낸셜 디스트릭트

DAY 1   /   /   ~   /   /

- 8:00 AM
- 9:00 AM
- 10:00 AM
- 11:00 AM
- 12:00 PM
- 13:00 PM
- 14:00 PM
- 15:00 PM
- 16:00 PM
- 17:00 PM
- 18:00 PM
- 19:00 PM
- 20:00 PM
- 21:00 PM
- 22:00 PM
- 23:00 PM

DAY 2   /   /   ~   /   /

- 8:00 AM
- 9:00 AM
- 10:00 AM
- 11:00 AM
- 12:00 PM
- 13:00 PM
- 14:00 PM
- 15:00 PM
- 16:00 PM
- 17:00 PM
- 18:00 PM
- 19:00 PM
- 20:00 PM
- 21:00 PM
- 22:00 PM
- 23:00 PM

* 시간별로 계획을 세워보세요.

TRAVEL PLAN
SUMMARY - 파이낸셜 디스트릭트

TITLE

- DATE   /   /   ~   /   /
- CITY
- WITH
- VEHICLE

MUST GO PLACES

-
-
-
-
-
-
-
-
-
-
-
-
-
-
-
-
-
-
-
-
-
-
-
-

STAY

MUST EAT FOODS

MUST GO RESTAURANTS

MUST GO CAFE

MUST BUYING

MUST DO ACTIVITIES

MEMOS

* 지도를 보면서 나만의 여행계획을 만들어 보세요.

PREVIEW
CHECK LIST - 파이낸셜 디스트릭트

TO DO LIST

- [ ] 260년 전통의 레스토랑 Fraunces Tavern에서 식사하기
- [ ] 뉴욕 최고의 칵테일바 뉴욕 더 데드 래빗 바에서 아이리쉬 칵테일 마시기
- [ ] 더 아메리칸 인디언 국립 박물관 관람하기
- [ ] 록 펠러 공원에서 산책하기
- [ ] 만지면 부자가 된다는 월스트리트 황소 동상 만지기
- [ ] 배터리 공원에서 자유의 여신상 보기
- [ ] 브룩필드 플레이스에서 쇼핑하기
- [ ] 원 월드 트레이드 센터 전망대 101층에서 야경 보기
- [ ] 트리니티 교회 인증샷 찍기
- [ ] 페더럴 홀 앞 조지 워싱턴 동상 앞에서 사진 찍기
- [ ] 피어 17에서 브루클린 브리지 야경 보기
- [ ] 피어 17에서 자유의 여신상 보기
- [ ] 현지인 맛집 George's에서 브런치 먹기
- [ ] SeaGlass Carousel 물고기 모양 회전목마 타기

MUST DO ACTIVITIES LIST

- [ ] 더 아메리칸 인디언 국립 박물관 관람
- [ ] 록 펠러 공원 아이스링크
- [ ] 뮤지엄 오브 쥬이시 헤리티지 관람
- [ ] 배터리 공원 페리
- [ ] 브루클리 브리지 걷기
- [ ] 원 월드 트레이드 센터 전망대 101층에서 야경
- [ ] 피어 17 브루클린 브리지 야경 관람
- [ ] 피어 17 페리 야경 관람
- [ ] Century 21 NYC 쇼핑
- [ ] SeaGlass Carousel 물고기 모양 회전목마

LANDMARK LIST

- [ ] 911 기념관
- [ ] 그라운드 제로
- [ ] 뉴욕 더 데드 래빗 바
- [ ] 뉴욕 시청
- [ ] 뉴욕 월 스트리트
- [ ] 뉴욕 증권 거래소
- [ ] 더 씨 포트
- [ ] 더 아메리칸 인디언 국립 박물관
- [ ] 록 펠러 공원
- [ ] 배터리 공원
- [ ] 브루클린 교
- [ ] 브룩필드 플레이스
- [ ] 스톤 스트리트 역사지구
- [ ] 시청 공원
- [ ] 올워스 빌딩
- [ ] 원 월드 트레이드 센터
- [ ] 월스트리트 황소 동상
- [ ] 캐슬 클린턴 국가 기념물
- [ ] 트리니티 교회
- [ ] 티어드롭 공원
- [ ] 페더럴 홀
- [ ] 프란시스 태번 박물관
- [ ] 피어 17
- [ ] Battery Park City Ball Fields
- [ ] Century 21 NYC
- [ ] Fraunces Tavern
- [ ] Jacob Wrey Mould Fountain
- [ ] McNally Jackson Books Seaport
- [ ] SeaGlass Carousel
- [ ] South Street 해양 박물관

MUST BUYING LIST

- [ ] 다크,밀크 초콜릿 커버드 미니 프레첼
- [ ] 로투스 비스코프 스프레드
- [ ] 룰루레몬 운동복
- [ ] 메이플 시럽
- [ ] 무화과 버터 스프레드
- [ ] 브루클린 브릿지 엽서
- [ ] 블루보틀 굿즈
- [ ] 아몬드 버터
- [ ] 자유의 여신상 키링
- [ ] 자유의 여싱상 마그넷
- [ ] 클로버 허니 베어 보틀
- [ ] Arc'teryx 의류

MUST EAT LIST

- [ ] 굴요리
- [ ] 녹차 코시안
- [ ] 라자냐
- [ ] 마르가리타
- [ ] 버팔로윙
- [ ] 베이글
- [ ] 브런치
- [ ] 블루보틀 커피
- [ ] 아이리쉬 스튜
- [ ] 아이리쉬 위스키 칵테일
- [ ] 에그 베네딕트
- [ ] 치즈 감자 튀김
- [ ] 팬케이크
- [ ] 포카치아
- [ ] 훈제 연어 베이글

* 어떻게 여행을 해야하는지 알려드려요.

TIME LINE
SCHEDULE - 이스트 빌리지

DAY 1   /   /   ~   /   /

- 8:00 AM
- 9:00 AM
- 10:00 AM
- 11:00 AM
- 12:00 PM
- 13:00 PM
- 14:00 PM
- 15:00 PM
- 16:00 PM
- 17:00 PM
- 18:00 PM
- 19:00 PM
- 20:00 PM
- 21:00 PM
- 22:00 PM
- 23:00 PM

DAY 2   /   /   ~   /   /

- 8:00 AM
- 9:00 AM
- 10:00 AM
- 11:00 AM
- 12:00 PM
- 13:00 PM
- 14:00 PM
- 15:00 PM
- 16:00 PM
- 17:00 PM
- 18:00 PM
- 19:00 PM
- 20:00 PM
- 21:00 PM
- 22:00 PM
- 23:00 PM

* 시간별로 계획을 세워보세요.

TRAVEL PLAN
SUMMARY - 이스트 빌리지

TITLE

- DATE   /   /   ~   /   /
- CITY
- WITH
- VEHICLE

MUST GO PLACES

-
-
-
-
-
-
-
-
-
-
-
-
-
-
-
-
-
-
-
-
-
-
-
-
-

STAY

MUST EAT FOODS

MUST GO RESTAURANTS

MUST GO CAFE

MUST BUYING

MUST DO ACTIVITIES

MEMOS

* 지도를 보면서 나만의 여행계획을 만들어 보세요.

PREVIEW
CHECK LIST - 이스트 빌리지

TO DO LIST

- ☐ 독립 서점 Strand Book Store에서 굿즈 사기
- ☐ 위대한 유산의 촬영지 톰 프킨스 스퀘어 공원에서 산책하기
- ☐ 이스트 빌리지의 심장부 세인트 마크 플레이스 거리 산책하기
- ☐ 캇치스 델리카테슨에서 샌드위치 먹기
- ☐ 클린턴 스트릿 베이킹 컴퍼니에서 팬케이크 먹기
- ☐ 톰킨스 스퀘어 베이글에서 푸드파이터의 백종원처럼 베이글 먹기
- ☐ 트레이더 조스 유니온스퀘어점에서 식료품 사기
- ☐ Book Club Bar에서 커피 마시며 책 읽기
- ☐ East River Park Field 8에서 산책하기
- ☐ Flight Club에서 리미티드 운동화 쇼핑
- ☐ Forbidden Planet 피규어 쇼핑하기
- ☐ Kith Manhattan에서 쇼핑하기
- ☐ Kobra's Michael Jackson Mural 벽화 앞에서 인증샷 찍기
- ☐ Please Don't Tell에서 칵테일 마시기

MUST DO ACTIVITIES LIST

- ☐ 6BC 보태니컬 가든 관람
- ☐ 더 우크레이니안 뮤지엄 관람
- ☐ 세인트 마크 플레이스
- ☐ 스위스 인스티튜트 미술관 관람
- ☐ 알파벳시티 거리 산책
- ☐ 이스트 빌리지 골목 산책
- ☐ 톰프킨스 스퀘어 공원 산책
- ☐ E 9th Street 리틀 우크라이나 거리 산책
- ☐ East Village Playhouse 공연 관람
- ☐ Kobra's Michael Jackson Mural 벽화 인증샷
- ☐ Museum of Reclaimed Urban Space (MoRUS) 관람
- ☐ PS122 Gallery 전시 관람

LANDMARK LIST

- ☐ 6BC 보태니컬 가든
- ☐ 더 우크레이니안 뮤지엄
- ☐ 머드
- ☐ 모모푸쿠 누들 바
- ☐ 세인트 마크 플레이스
- ☐ 스위스 인스티튜트 미술관
- ☐ 스탠더드 레코드 NYC
- ☐ 알파벳시티
- ☐ 엘 솔 브릴란테
- ☐ 캇치스 델리카테슨
- ☐ 클린턴 스트릿 베이킹 컴퍼니
- ☐ 톰프킨스 스퀘어 공원
- ☐ 톰프킨스 스퀘어 베이글
- ☐ 트레이더 조스 유니온스퀘어
- ☐ Astor Place
- ☐ Book Club Bar
- ☐ Cafe Mogador
- ☐ East River Park Field 8
- ☐ Kobra's Michael Jackson Mural
- ☐ niconeco zakkaya
- ☐ Paul's Da Burger Joint
- ☐ Please Don't Tell
- ☐ S'MAC
- ☐ Strand Bookstore
- ☐ Trash and Vaudeville
- ☐ Veniero's Pasticceria & Caffe

MUST BUYING LIST

- ☐ East Village Books 굿즈
- ☐ 무화과 버터 스프레드
- ☐ 로투스 비스코프 스프레드
- ☐ 아몬드 버터
- ☐ 다크 밀크 초콜릿 커버드 미니 프레첼
- ☐ 메이플 시럽
- ☐ 클로버 허니 베어 보틀
- ☐ 트레이더 조스 에코백
- ☐ Rolled corn tortilla chips
- ☐ 피자 스프링클 시즈닝
- ☐ 치즈 시즈닝
- ☐ Freeze dried mango

MUST EAT LIST

- ☐ 감자 팬케이크
- ☐ 뉴욕 피자
- ☐ 버거와 감자 튀김
- ☐ 보르쉬
- ☐ 부리또
- ☐ 브런치
- ☐ 에브리싱 베이글
- ☐ 연어 베이글
- ☐ 연어 타르트
- ☐ 오레오 튀김
- ☐ 자이로
- ☐ 카초 에 페페
- ☐ 타파스
- ☐ 팬케이크
- ☐ 페퍼로니 슬라이스

* 어떻게 여행을 해야하는지 알려드려요.

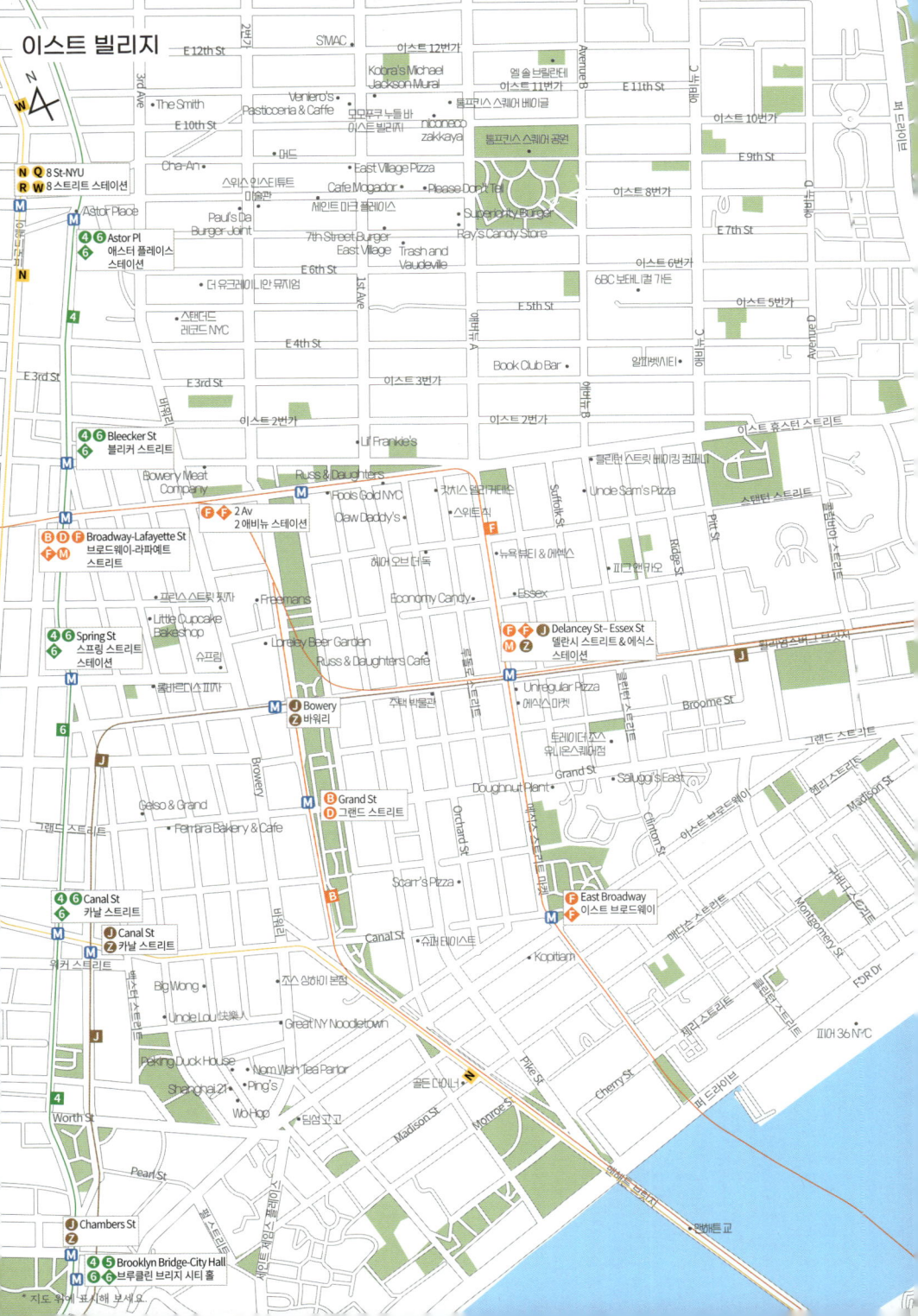

TIME LINE
SCHEDULE - 소호&노호

DAY 1   /   / ~ /   /

시간	
8:00 AM	
9:00 AM	
10:00 AM	
11:00 AM	
12:00 PM	
13:00 PM	
14:00 PM	
15:00 PM	
16:00 PM	
17:00 PM	
18:00 PM	
19:00 PM	
20:00 PM	
21:00 PM	
22:00 PM	
23:00 PM	

DAY 2   /   / ~ /   /

시간	
8:00 AM	
9:00 AM	
10:00 AM	
11:00 AM	
12:00 PM	
13:00 PM	
14:00 PM	
15:00 PM	
16:00 PM	
17:00 PM	
18:00 PM	
19:00 PM	
20:00 PM	
21:00 PM	
22:00 PM	
23:00 PM	

* 시간별로 계획을 세워보세요.

TRAVEL PLAN
SUMMARY - 소호&노호

TITLE

- DATE   /   /   ~   /   /
- CITY
- WITH
- VEHICLE

MUST GO PLACES

STAY

MUST EAT FOODS

MUST GO RESTAURANTS

MUST GO CAFE

MUST BUYING

MUST DO ACTIVITIES

MEMOS

* 지도를 보면서 나만의 여행계획을 만들어 보세요.

PREVIEW
CHECK LIST - 소호&노호

TO DO LIST

- [ ] 롬바르디스 피자에서 마르게리타 피자 먹기
- [ ] 모마 디자인 스토어에서 기념품 사기
- [ ] 빈티지 샵에서 쇼핑하기
- [ ] 슈프림에서 의류 쇼핑하기
- [ ] 아이스크림 박물관 전시 관람하기
- [ ] Banksy Museum New York 전시 관람하기
- [ ] Champion Pizza - Soho에서 뉴욕 피자 먹기
- [ ] Color Factory NYC 전시 관람하기
- [ ] Ferrara Bakery & Cafe에서 티라미수 케이크 먹기
- [ ] Flipper's에서 수플레 팬케이크 먹기
- [ ] GR gallery 전시 관람하기
- [ ] La Mercerie에서 식사하기
- [ ] McNally Jackson Books 인디 서점 방문하기
- [ ] The Dutch에서 굴 요리 먹기

MUST DO ACTIVITIES LIST

- [ ] 모마 디자인 스토어 디자인 소품 쇼핑
- [ ] 빈티지 샵 쇼핑
- [ ] 소호 거리 쇼핑
- [ ] 소호 거리 카페 브런치 투어
- [ ] 아이스크림 박물관 체험
- [ ] 허드슨 리버 파크 산책
- [ ] Banksy Museum New York 작품 관람
- [ ] CB2 SoHo 인테리어 소품 쇼핑
- [ ] Color Factory NYC 체험
- [ ] Kith Manhattan 한정판 신발 쇼핑

MUST BUYING LIST

- [ ] 글로시에 화장품
- [ ] 모마 디자인 스토어 램프 스텐드
- [ ] 빈티지 포스터
- [ ] 슈프림 티셔츠
- [ ] 알레시 과일 바스켓
- [ ] 알로 alo 요가복
- [ ] 애플 에어팟
- [ ] Aimé Leon Dore 의류
- [ ] Catbird 수공예 주얼리
- [ ] CB2 SoHo 인테리어 소품
- [ ] HAY 머그컵
- [ ] Kith Manhattan 한정판 신발
- [ ] Le Labo 향수
- [ ] McNally Jackson Books 노트, 책갈피
- [ ] New York or Nowhere 티셔츠
- [ ] Supreme 의류

LANDMARK LIST

- [ ] 뉴욕 재미 중국인 박물관
- [ ] 뉴욕 커낼 스트리트
- [ ] 롬바르디스 피자
- [ ] 루비로사
- [ ] 모마 디자인 스토어
- [ ] 슈프림
- [ ] 아이스크림 박물관
- [ ] 에밀리 웨스트 빌리지
- [ ] 엘리스 스페셜 치즈케익
- [ ] 크리스토퍼 스트리트 피어 공원
- [ ] 허드슨 리버 파크
- [ ] 휴스턴 홀
- [ ] Acne Studios Greene Street
- [ ] Balthazar
- [ ] Banksy Museum New York
- [ ] CB2 SoHo
- [ ] Christmas in New York - Little Italy
- [ ] Color Factory NYC
- [ ] Ferrara Bakery & Cafe
- [ ] Gelso & Grand
- [ ] GR gallery
- [ ] Housing Works Bookstore
- [ ] Kith Manhattan
- [ ] La Mercerie
- [ ] Little Cupcake Bakeshop
- [ ] McNally Jackson Books

MUST EAT LIST

- [ ] 뉴욕 치즈케이크
- [ ] 랍스타 라비올리
- [ ] 마르게리따 피자
- [ ] 바질 피스타치오 페스토 파스타
- [ ] 비건 스트로베리 머핀
- [ ] 비건타코
- [ ] 수플레 팬케이크
- [ ] 시카고 피자
- [ ] 양파스프
- [ ] 에밀리버거
- [ ] 칸놀로
- [ ] 크레이프
- [ ] 크로넛
- [ ] 티라미수케익
- [ ] 페퍼로니 스파이시 피자
- [ ] 할루미 튀김

* 어떻게 여행을 해야하는지 알려드려요.

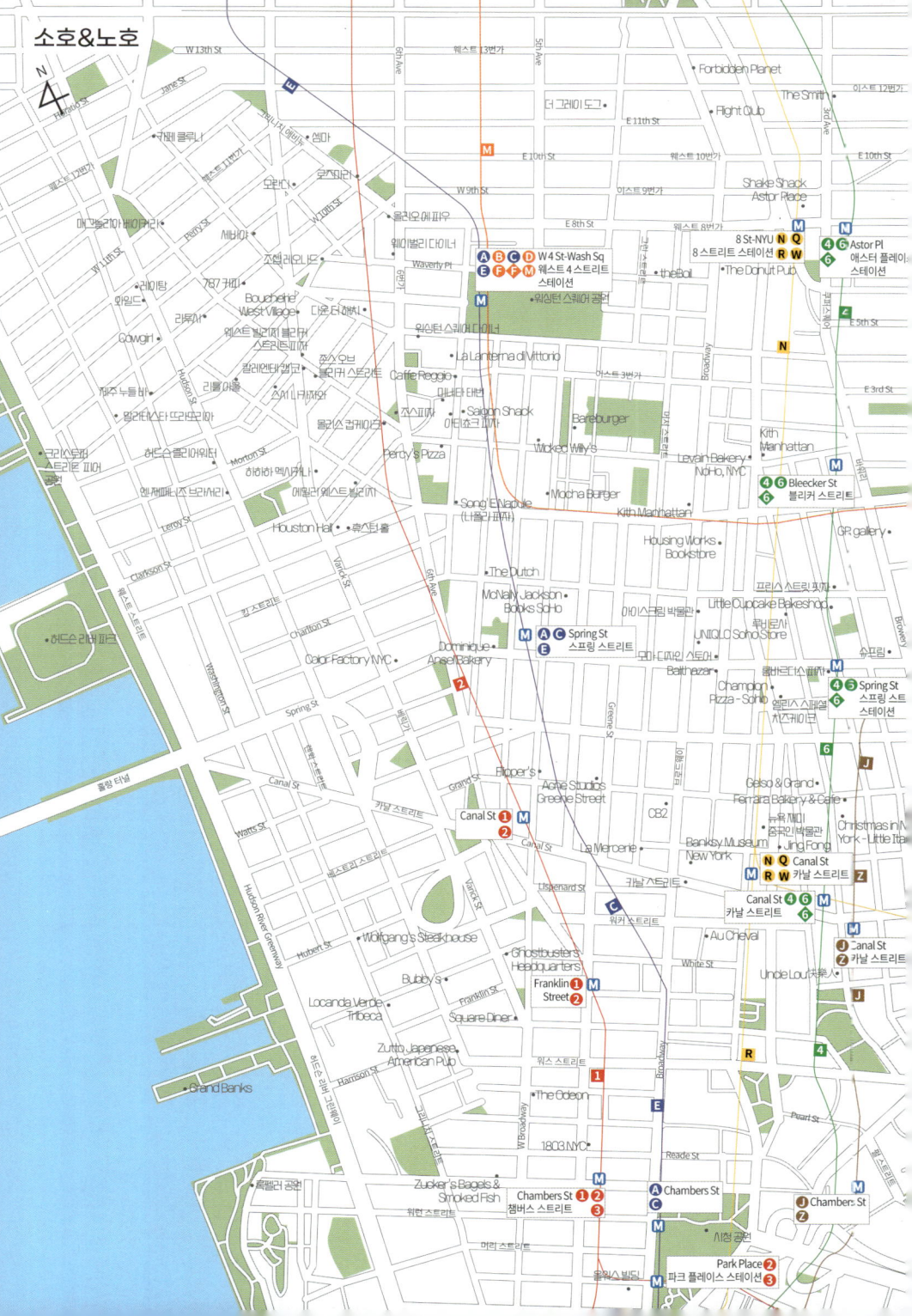

TIME LINE

SCHEDULE - 유니온 스퀘어&그래머시

DAY 1   /   /   ~   /   /

- 8:00 AM
- 9:00 AM
- 10:00 AM
- 11:00 AM
- 12:00 PM
- 13:00 PM
- 14:00 PM
- 15:00 PM
- 16:00 PM
- 17:00 PM
- 18:00 PM
- 19:00 PM
- 20:00 PM
- 21:00 PM
- 22:00 PM
- 23:00 PM

DAY 2   /   /   ~   /   /

- 8:00 AM
- 9:00 AM
- 10:00 AM
- 11:00 AM
- 12:00 PM
- 13:00 PM
- 14:00 PM
- 15:00 PM
- 16:00 PM
- 17:00 PM
- 18:00 PM
- 19:00 PM
- 20:00 PM
- 21:00 PM
- 22:00 PM
- 23:00 PM

* 시간별로 계획을 세워보세요.

TRAVEL PLAN

SUMMARY - 유니온 스퀘어&그래머시

TITLE

- DATE   /   /   ~   /   /
- CITY
- WITH
- VEHICLE

MUST GO PLACES

-
-
-
-
-
-
-
-
-
-
-
-
-
-
-
-
-
-
-
-
-
-
-
-
-
-

STAY

MUST EAT FOODS

MUST GO RESTAURANTS

MUST GO CAFE

MUST BUYING

MUST DO ACTIVITIES

MEMOS

* 지도를 보면서 나만의 여행계획을 만들어 보세요.

PREVIEW

CHECK LIST - 유니온 스퀘어&그래머시

TO DO LIST

- ☐ 매디슨 스퀘어 공원에서 피크닉 즐기기
- ☐ 반스 앤 노블에서 차 한잔 하며 책 쇼핑하기
- ☐ 스타이브 센트 스퀘어 공원에서 산책하기
- ☐ 유니온 스퀘어 그린마켓 과일 쇼핑하기
- ☐ 콘 에디슨 필드에서 선셋 보기
- ☐ 톰프킨스 스퀘어 공원에서 산책하기
- ☐ 포스터 하우스에서 포스터 전시 관람하기
- ☐ Escape Virtuality에서 VR 체험 하기
- ☐ Fishs Eddy에서 주방용품 쇼핑하기
- ☐ Flight Club에서 스니커즈 쇼핑하기
- ☐ Forbidden Planet에서 기념품 쇼핑하기
- ☐ Irving Plaza에서 라이브 공연 보기
- ☐ Squid Game: The Experience에서 오징어 게임 체험하기
- ☐ The FRIENDS™ Experience에서 프랜즈 시트콤 전시 관람하기

MUST DO ACTIVITIES LIST

- ☐ 매디슨 스퀘어 공원 피크닉
- ☐ 반스 앤 노블 책 쇼핑
- ☐ 스타이브 센트 스퀘어 공원 산책
- ☐ 유니온 스퀘어 그린마켓 과일 쇼핑
- ☐ 콘 에디슨 필드에서 선셋 보기
- ☐ 톰프킨스 스퀘어 공원에서 산책하기
- ☐ 포스터 하우스 포스터 전시 관람
- ☐ Fishs Eddy 주방용품 쇼핑
- ☐ Forbidden Planet 기념품 쇼핑
- ☐ Irving Plaza 라이브 공연
- ☐ Squid Game: The Experience 오징어 게임 체험
- ☐ The FRIENDS™ Experience 프랜즈 시트콤 전시 관람

LANDMARK LIST

- ☐ 230 칵테일 루프바
- ☐ 국립 수학박물관
- ☐ 말리 그래머시
- ☐ 매디슨 스퀘어 공원
- ☐ 맥스 브레너 유니온 스퀘어
- ☐ 미스 코리아 비비큐
- ☐ 스타이브센트 스퀘어 공원
- ☐ 어썸딤섬
- ☐ 유니온 스퀘어 그린마켓
- ☐ 콘 에디슨 필드
- ☐ 톰프킨스 스퀘어 공원
- ☐ 트레이더 조스 유니온스퀘어점
- ☐ 포스터 하우스
- ☐ 플랫아이언 빌딩
- ☐ 피츠 태번
- ☐ 혹스무어 뉴욕시티
- ☐ Barnes & Noble
- ☐ Escape Virtuality
- ☐ Fishs Eddy
- ☐ Flight Club
- ☐ Forbidden Planet
- ☐ Harry Potter New York
- ☐ Squid Game: The Experience
- ☐ Strand Book Store
- ☐ The FRIENDS™ Experience: The One in New York City
- ☐ Whole Foods Market

MUST BUYING LIST

- ☐ 납작 복숭아
- ☐ 로투스 비스코프 스프레드
- ☐ 메이플 시럽
- ☐ 무화과 버터 스프레드
- ☐ 버터 맥주
- ☐ 아몬드 버터
- ☐ 온갖 맛이 나는 젤리
- ☐ 클로버 허니 베어 보틀
- ☐ 해리포터 기숙사 머플러
- ☐ 해리포터 지팡이
- ☐ Fishs Eddy 머그잔
- ☐ lululemon 운동복

MUST EAT LIST

- ☐ 게살 볶음밥
- ☐ 뉴욕 피자
- ☐ 바브카
- ☐ 버터맥주
- ☐ 선데이 로스트
- ☐ 소룡포
- ☐ 에브리싱 베이글
- ☐ 인도요리
- ☐ 자이로
- ☐ 치즈버거
- ☐ 치킨 텐더
- ☐ 치킨 팜 샌드위치
- ☐ 크라포
- ☐ 크로넛
- ☐ 토피 푸딩
- ☐ 팬케이크
- ☐ 푸아그라요리

* 어떻게 여행을 해야하는지 알려드려요.

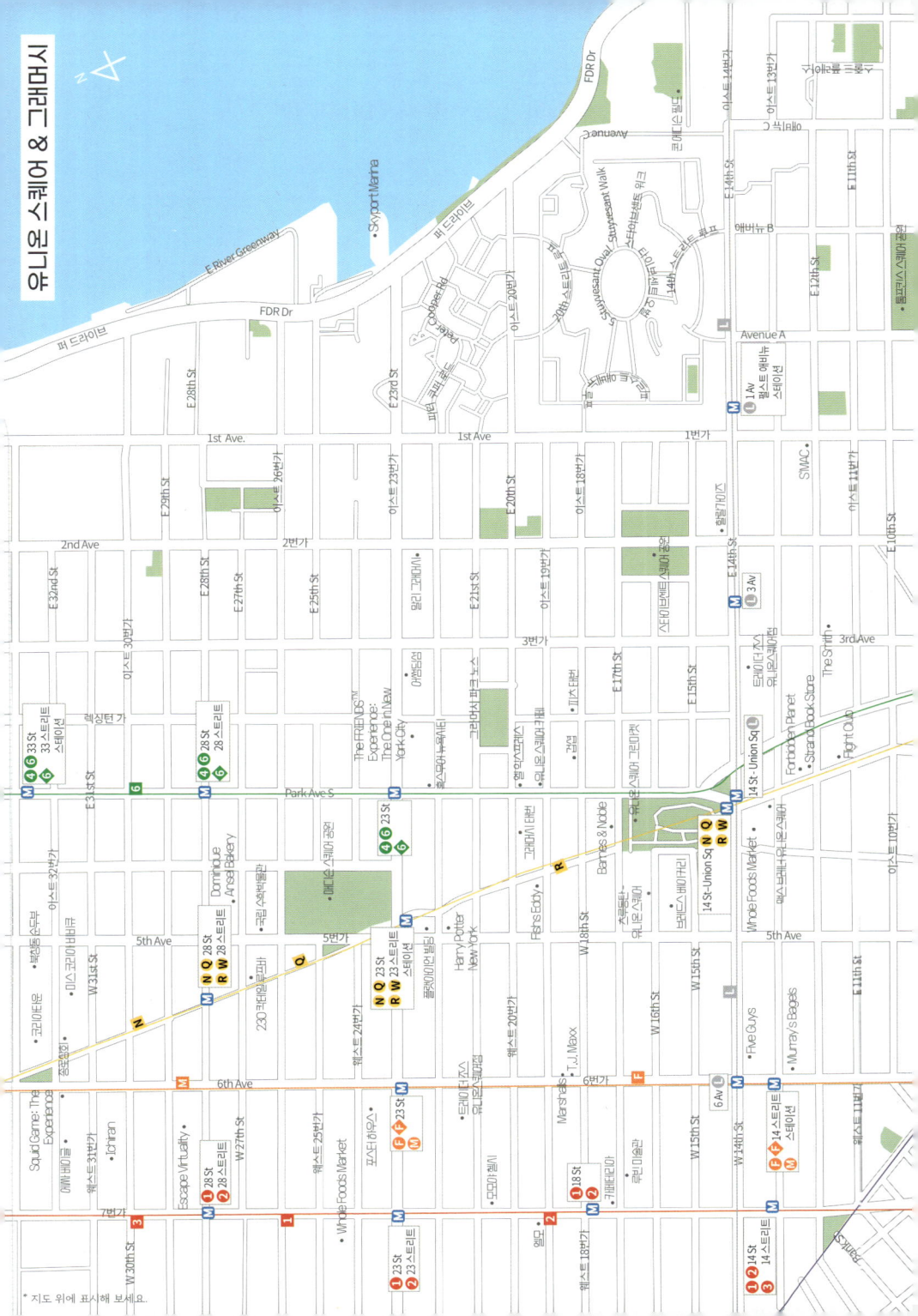

TIME LINE
SCHEDULE - 첼시&미트패킹

DAY 1 /   / ~ /   /

8:00 AM

9:00 AM

10:00 AM

11:00 AM

12:00 PM

13:00 PM

14:00 PM

15:00 PM

16:00 PM

17:00 PM

18:00 PM

19:00 PM

20:00 PM

21:00 PM

22:00 PM

23:00 PM

DAY 2 /   / ~ /   /

8:00 AM

9:00 AM

10:00 AM

11:00 AM

12:00 PM

13:00 PM

14:00 PM

15:00 PM

16:00 PM

17:00 PM

18:00 PM

19:00 PM

20:00 PM

21:00 PM

22:00 PM

23:00 PM

* 시간별로 계획을 세워보세요.

TRAVEL PLAN
SUMMARY - 첼시&미트패킹

TITLE

- ■ DATE   /   /   ~   /   /
- ■ CITY
- ■ WITH
- ■ VEHICLE

MUST GO PLACES
- ■
- ■
- ■
- ■
- ■
- ■
- ■
- ■
- ■
- ■
- ■
- ■
- ■
- ■
- ■
- ■
- ■
- ■
- ■
- ■
- ■
- ■

STAY

MUST EAT FOODS

MUST GO RESTAURANTS

MUST GO CAFE

MUST BUYING

MUST DO ACTIVITIES

MEMOS

* 지도를 보면서 나만의 여행계획을 만들어 보세요.

PREVIEW
CHECK LIST - 첼시&미트패킹

TO DO LIST

- ☐ 갠스부트 비치공원 벤치에 앉아 힐링하기
- ☐ 뉴욕 베슬의 라이트업 야경 보기
- ☐ 뉴욕 베슬의 벌집구조의 계단 올라보기
- ☐ 더 하이라인 파크 철길공원 산책하기
- ☐ 브루클린 베이글에서 쪽파 크림치즈 베이글 먹기
- ☐ 에싸 베이글에서 연어 베이글 먹기
- ☐ 콘크리트 기둥 위 나팔 모양의 리틀 아일랜드 산책 하기
- ☐ 피어 57에서 허드슨강 뷰보며 와인 마시기
- ☐ 허드슨 야드 쇼핑센터에서 쇼핑하기
- ☐ ARTECHOUSE NYC의 미디어 아트 전시 관람하기
- ☐ Edge 전망대에서 허드슨강 전망 시티뷰 보기
- ☐ Marshalls에서 쇼핑하기
- ☐ Museum of Illusions에서 착시 미술 전시 관람하기
- ☐ T.J. Maxx에서 쇼핑하기

MUST DO ACTIVITIES LIST

- ☐ 뉴욕 베슬 야경
- ☐ 더 하이라인 파크 철길공원 산책
- ☐ 루빈 박물관 관람
- ☐ 리틀 아일랜드 관람
- ☐ 첼시마켓 쇼핑
- ☐ 트레이더 조스 첼시점 식료품 쇼핑
- ☐ 휘트니 미술관 관람
- ☐ ARTECHOUSE NYC 미디어 아트 관람
- ☐ Edge 허드슨강 뷰 전망대
- ☐ Museum of Illusions 홀로그램 착시 전시 관람

MUST BUYING LIST

- ☐ 다크,밀크 초콜릿 커버드 미니 프레첼
- ☐ 어니언 시즈닝
- ☐ 라일락 초콜릿
- ☐ 클로버 허니 베어 보틀
- ☐ 로투스 비스코프 스프레드
- ☐ 트레이더 조스 에코백
- ☐ 메이플 시럽
- ☐ 팻 위치 베이커리 브라우니
- ☐ 무화과 버터 스프레드
- ☐ BAGGU 에코백
- ☐ 미국 달러 패키징 초콜릿
- ☐ Notabag
- ☐ 아몬드 버터

LANDMARK LIST

- ☐ 가고시안 갤러리
- ☐ 첼시 워터사이드 공원
- ☐ 갠스부트 비치공원
- ☐ 첼시마켓
- ☐ 뉴욕 베슬
- ☐ 트레이더 조스 첼시점
- ☐ 더 쉐드
- ☐ 피어57 루프탑 공원
- ☐ 더 스탠다드 비어가든
- ☐ 허드슨 야드
- ☐ 더 하이라인
- ☐ 허드슨 야드 쇼핑몰
- ☐ 랍스터 플레이스
- ☐ 휘트니 미술관
- ☐ 루빈 박물관
- ☐ ARTECHOUSE NYC
- ☐ 리틀 아일랜드
- ☐ Edge 전망대
- ☐ 매디슨 스퀘어 가든
- ☐ Marshalls
- ☐ 벨라 앱저그 공원
- ☐ Museum of Illusions
- ☐ 브루클린 베이글
- ☐ Printed Matter, Inc.
- ☐ 에싸 베이글
- ☐ STK Steakhouse
- ☐ 엠파이어 다이너
- ☐ T.J. Maxx
- ☐ 첼시 가든

MUST EAT LIST

- ☐ 디트로이트 피자
- ☐ 쪽파 크림치즈 베이글
- ☐ 랍스터 롤
- ☐ 크루아상
- ☐ 리가토니
- ☐ 터키 음식
- ☐ 브런치
- ☐ 포카치아
- ☐ 비스트로 버거
- ☐ 프랜치 토스트
- ☐ 아보카도 토스트
- ☐ 필레 스테이크
- ☐ 에스프레소 마티니
- ☐ 홍콩 누들
- ☐ 옥수수 푸딩

* 어떻게 여행을 해야하는지 알려드려요.

TIME LINE
SCHEDULE - 미드타운 이스트

DAY 1   /   /   ~   /   /

- 8:00 AM
- 9:00 AM
- 10:00 AM
- 11:00 AM
- 12:00 PM
- 13:00 PM
- 14:00 PM
- 15:00 PM
- 16:00 PM
- 17:00 PM
- 18:00 PM
- 19:00 PM
- 20:00 PM
- 21:00 PM
- 22:00 PM
- 23:00 PM

DAY 2   /   /   ~   /   /

- 8:00 AM
- 9:00 AM
- 10:00 AM
- 11:00 AM
- 12:00 PM
- 13:00 PM
- 14:00 PM
- 15:00 PM
- 16:00 PM
- 17:00 PM
- 18:00 PM
- 19:00 PM
- 20:00 PM
- 21:00 PM
- 22:00 PM
- 23:00 PM

* 시간별로 계획을 세워보세요.

TRAVEL PLAN
SUMMARY - 미드타운 이스트

TITLE

- ■ DATE   /   /   ~   /   /
- ■ CITY
- ■ WITH
- ■ VEHICLE

MUST GO PLACES
- ■
- ■
- ■
- ■
- ■
- ■
- ■
- ■
- ■
- ■
- ■
- ■
- ■
- ■
- ■
- ■
- ■
- ■
- ■
- ■
- ■
- ■
- ■

STAY

MUST EAT FOODS

MUST GO RESTAURANTS

MUST GO CAFE

MUST BUYING

MUST DO ACTIVITIES

MEMOS

* 지도를 보면서 나만의 여행계획을 만들어 보세요.

CHECK LIST - 미드타운 이스트

TO DO LIST

- ☐ 국제 연합 UN 한국어 가이드 투어 하기
- ☐ 그리나크르 공원에서 산책하기
- ☐ 삭스 피프스 애비뉴에서 쇼핑하기
- ☐ 서밋 원 밴더빌트 전망대와 거울 룸, 풍선 룸 관람하기
- ☐ 에싸 베이글에서 연어 베이글 먹기
- ☐ Barnes & Noble에서 쇼핑하기
- ☐ Little Collins에서 아보카도 토스트 먹기
- ☐ NBA Store에서 쇼핑하기
- ☐ New York Luncheonette에서 블랙퍼스트 먹기
- ☐ Roosevelt Island Tramway에서 곤돌라 타기
- ☐ Tudor City Bridge 전망대에서 야경 보기
- ☐ UGG NYC Flagship에서 어그부츠 사기

LANDMARK LIST

- ☐ 432 파크 에비뉴
- ☐ 58th 스트리트 도서관
- ☐ 국제 연합 UN
- ☐ 그랑 센트럴 터미널
- ☐ 그랜드 센트럴 오이스터 바 & 레스토랑
- ☐ 그리나크르 공원
- ☐ 메트라이프 빌딩
- ☐ 삭스 피프스 애비뉴
- ☐ 서턴 플레이스 파크 사우스
- ☐ 크라이슬러 빌딩
- ☐ 트럼프 타워
- ☐ American Eagle
- ☐ Argosy Book Store
- ☐ Art Consultants
- ☐ Buttercup BakeShop
- ☐ Central Synagogue
- ☐ Forum Gallery
- ☐ Macklowe Gallery
- ☐ NBA Store
- ☐ Plaza Tower
- ☐ Raoul Wallenberg Monument
- ☐ Roosevelt Island Tramway
- ☐ St. 패트릭스 대성당
- ☐ SUMMIT One Vanderbilt
- ☐ The Isaiah Wall
- ☐ Trader Joe's
- ☐ Tramway Plaza
- ☐ UGG NYC Flagship

MUST DO ACTIVITIES LIST

- ☐ 국제 연합 UN 가이드 투어
- ☐ 그리나크르 공원 산책
- ☐ 삭스 피프스 애비뉴 쇼핑
- ☐ Barnes & Noble 쇼핑
- ☐ Macklowe Gallery 전시 관람
- ☐ Roosevelt Island Tramway 곤돌라
- ☐ SUMMIT One Vanderbilt 전망대 시티뷰 관람
- ☐ Tudor City Bridge 야경 관람

MUST BUYING LIST

- ☐ 다이어리
- ☐ 문구류
- ☐ 세포라 화장품
- ☐ American Eagle 청바지
- ☐ CHANEL 악세사리
- ☐ Gucci 가방
- ☐ Hermès 악세사리
- ☐ NBA 모자
- ☐ Ralph Lauren 의류
- ☐ ROYCE New York 지갑
- ☐ UGG 부츠

MUST EAT LIST

- ☐ 굴요리
- ☐ 뉴욕 치즈케이크
- ☐ 당근 케이크
- ☐ 바나나 브레드
- ☐ 바나나 푸딩
- ☐ 브라우니
- ☐ 새우 파스타
- ☐ 스테이크
- ☐ 아보카도 토스트
- ☐ 에그 베네딕트
- ☐ 연어 베이글
- ☐ 오믈렛
- ☐ 인도요리
- ☐ 팬케이크
- ☐ 프렌치 토스트
- ☐ 피쉬앤 칩스
- ☐ BBQ버거

* 어떻게 여행을 해야하는지 알려드려요.

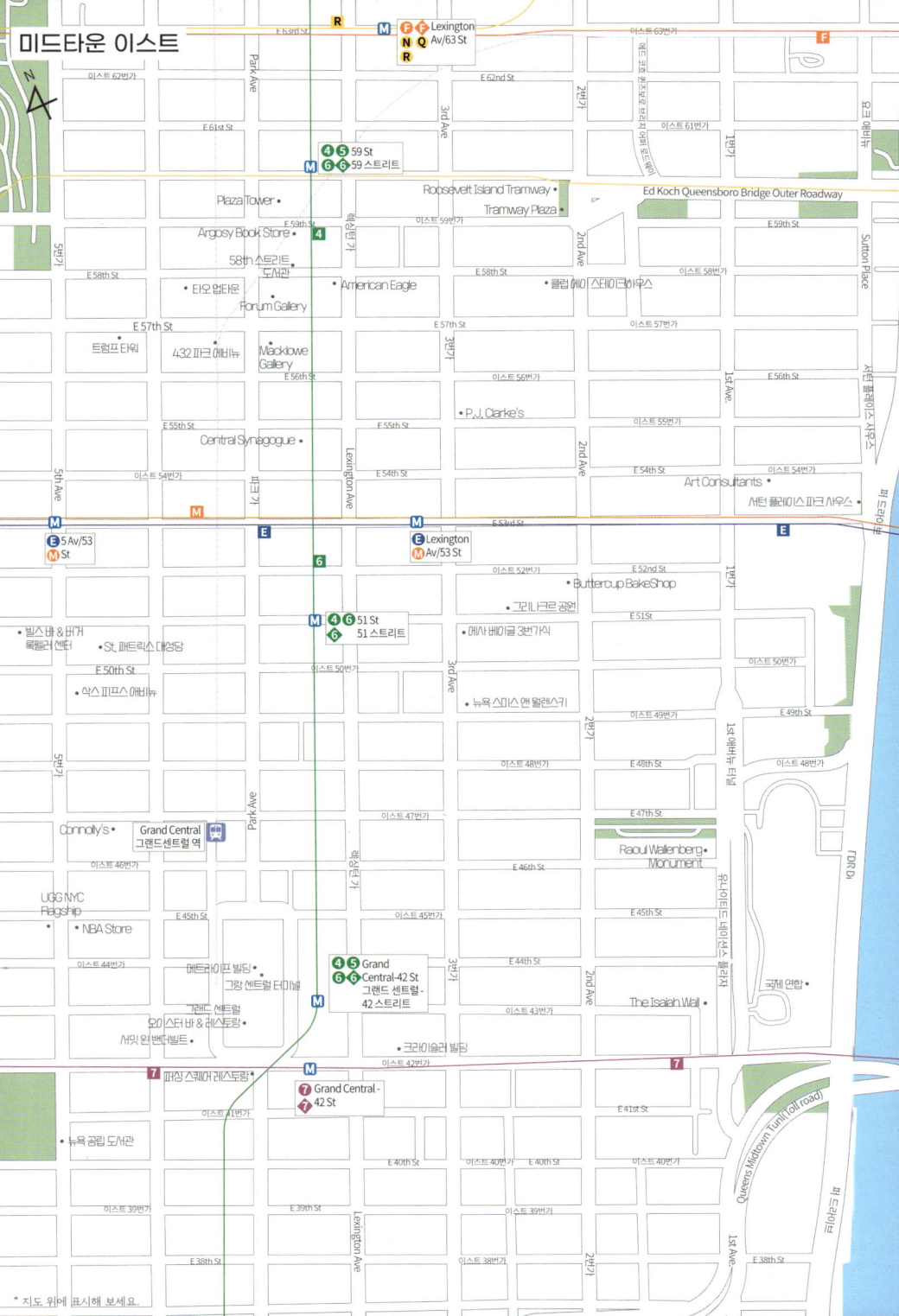

TIME LINE

SCHEDULE - 미드타운 웨스트

DAY 1 / / ~ / /

- 8:00 AM
- 9:00 AM
- 10:00 AM
- 11:00 AM
- 12:00 PM
- 13:00 PM
- 14:00 PM
- 15:00 PM
- 16:00 PM
- 17:00 PM
- 18:00 PM
- 19:00 PM
- 20:00 PM
- 21:00 PM
- 22:00 PM
- 23:00 PM

DAY 2 / / ~ / /

- 8:00 AM
- 9:00 AM
- 10:00 AM
- 11:00 AM
- 12:00 PM
- 13:00 PM
- 14:00 PM
- 15:00 PM
- 16:00 PM
- 17:00 PM
- 18:00 PM
- 19:00 PM
- 20:00 PM
- 21:00 PM
- 22:00 PM
- 23:00 PM

* 시간별로 계획을 세워보세요.

TRAVEL PLAN
SUMMARY - 미드타운 웨스트

TITLE

- DATE   /   /   ~   /   /
- CITY
- WITH
- VEHICLE

MUST GO PLACES

-
-
-
-
-
-
-
-
-
-
-
-
-
-
-
-
-
-
-
-
-
-
-

STAY

MUST EAT FOODS

MUST GO RESTAURANTS

MUST GO CAFE

MUST BUYING

MUST DO ACTIVITIES

MEMOS

* 지도를 보면서 나만의 여행계획을 만들어 보세요.

CHECK LIST - 미드타운 웨스트

TO DO LIST

- ☐ 거슈윈 극장에서 발레 공연 보기
- ☐ 겨울에 록펠러 센터의 야외 아이스링크에서 스케이트 타기
- ☐ 뉴욕 현대 미술관 굿즈 샵 쇼핑하기
- ☐ 라디오 시티 뮤직 홀에서 탭댄스 관람하기
- ☐ 마담 투소 뉴욕 전시 관람하기
- ☐ 반 고흐의 <별이 빛나는 밤에>와 모네의 <수련> 감상하기
- ☐ 브로드웨이 뮤지컬 관람하기
- ☐ 스파이스 케이프에서 방 탈출 게임하기
- ☐ 엠파이어 스테이트 빌딩 102층 전망대 선셋 보기
- ☐ 인트리피드 시, 에어 & 스페이스 뮤지엄 항공모함 전시 관람하기
- ☐ 타임 워너 센터에서 쇼핑하기
- ☐ 타임스퀘어에서 화려한 LED 간판을 감상하고 인증샷 찍기
- ☐ 탑 오브 더 락 전망대 시티뷰 보기
- ☐ Circle Line Sightseeing Cruises 타고 자유의 여신상 가까이서 보기

MUST DO ACTIVITIES LIST

- ☐ 뉴욕 현대 미술관 굿즈 쇼핑
- ☐ 록펠러 센터의 야외 아이스링크
- ☐ 마담 투소 뉴욕 전시 관람
- ☐ 브로드웨이 뮤지컬 관람
- ☐ 스파이스 케이프에서 방 탈출 게임
- ☐ 원 57 전망대 선셋 관람
- ☐ 인트리피드 시, 에어 & 스페이스 뮤지엄 관람
- ☐ 탑 오브 더 락 전망대 야경
- ☐ 헬리콥터 투어
- ☐ 헬스 키친 푸드 투어
- ☐ Circle Line Sightseeing 크루즈

LANDMARK LIST

- ☐ 거슈윈 극장
- ☐ 뉴욕 공립 도서관
- ☐ 뉴욕 도시 센터
- ☐ 뉴욕 현대 미술관
- ☐ 닐 사이먼 극장
- ☐ 달라스 바베큐 타임스퀘어
- ☐ 라디오 시티 뮤직 홀
- ☐ 록펠러 센터
- ☐ 리릭 극장
- ☐ 리차드 로저스 극장
- ☐ 마담 투소 뉴욕
- ☐ 마제스틱 극장
- ☐ 민스코프 극장
- ☐ 뱅크 오브 아메리카 타워
- ☐ 브라이언트 공원
- ☐ 삭스 피프스 애비뉴
- ☐ 스파이스케이프
- ☐ 알 허쉬필드시어터
- ☐ 앰버서더 극장
- ☐ 엠파이어 스테이트 빌딩
- ☐ 윈터가든 극장
- ☐ 유진 오닐 시어터
- ☐ 임페리얼 시어터
- ☐ 카네기 홀
- ☐ 콜롬버스 서클의 상점
- ☐ 클린턴 코브 앳 허드슨 리버 공원
- ☐ 킨스 스테이크하우스
- ☐ 타임 워너 센터
- ☐ 타임스퀘어
- ☐ 탑 오브 더 락
- ☐ 헤럴드 스퀘어
- ☐ St.패트릭스 대성당

MUST BUYING LIST

- ☐ 뉴욕 현대 미술관 굿즈
- ☐ 디즈니 스토어 자유의 여신상 미니
- ☐ 레고 자유의 여신상 마그넷
- ☐ 리바이스 의류
- ☐ 브로드웨이 쇼 굿즈 (알라딘의 요술램프, 라이언킹 굿즈 등)
- ☐ 빅토리아 시크릿 바디 미스트
- ☐ 세포라 화장품
- ☐ 에브리씽 베이글 시즈닝
- ☐ 엠엔엠 월드 굿즈
- ☐ 엠파이어 스테이트 빌딩 마그넷
- ☐ 폴로랄프로렌 의류
- ☐ I ♥ NY 티셔츠와 후드티

MUST EAT LIST

- ☐ 5냅킨 버거
- ☐ 뉴욕 치즈케이크
- ☐ 뉴욕 피자
- ☐ 라비올리
- ☐ 랍스타 비스크
- ☐ 미트볼 스파게티
- ☐ 바나나 푸딩
- ☐ 브라세리
- ☐ 수프레마 피자
- ☐ 스테이크
- ☐ 양고기 요리
- ☐ 와규버거
- ☐ 카레우동
- ☐ 팬케이크
- ☐ 페이조아다

* 어떻게 여행을 해야하는지 알려드려요.

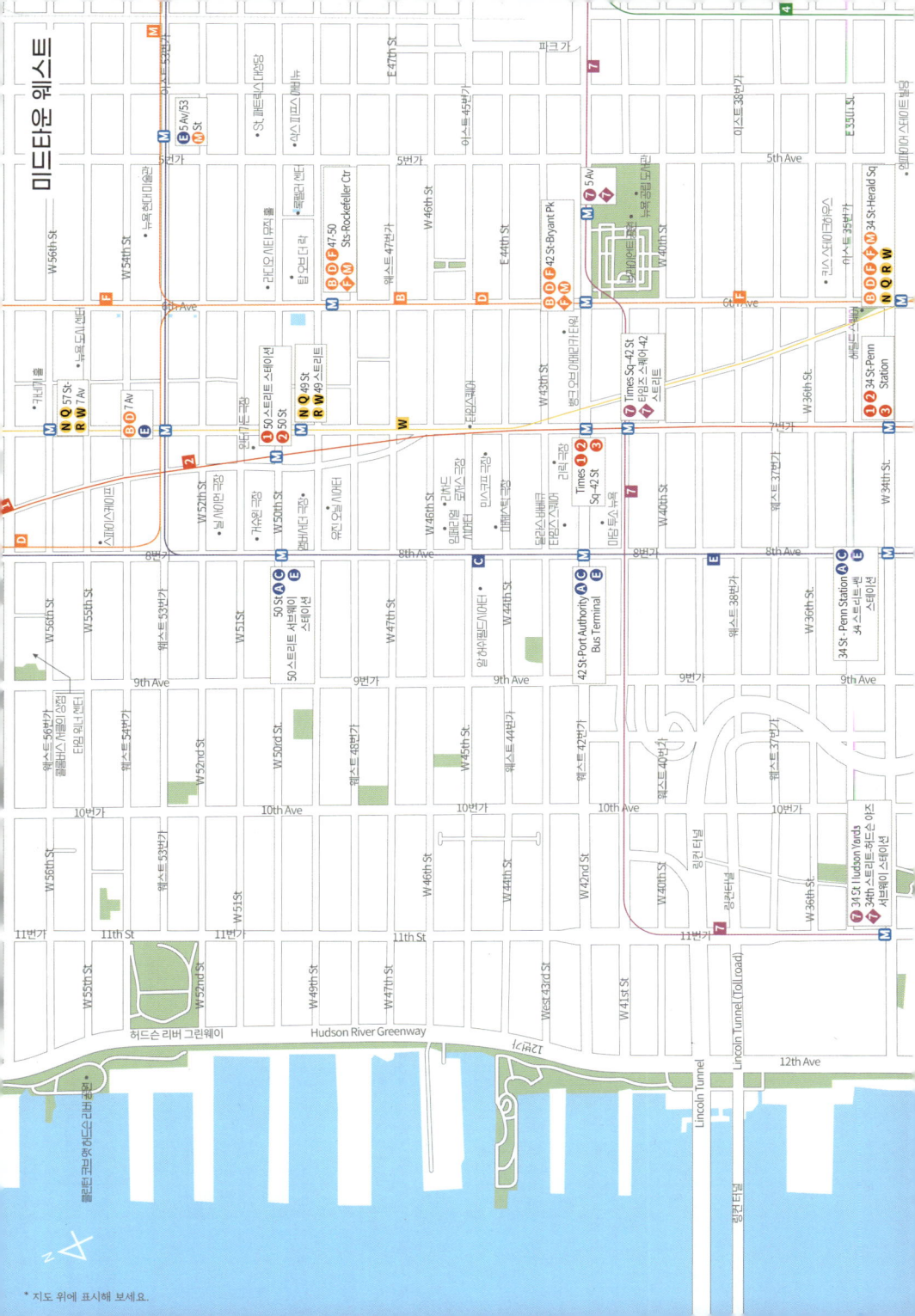

TIME LINE
SCHEDULE - 어퍼 이스트 사이드

DAY 1   /   /   ~   /   /

- 8:00 AM
- 9:00 AM
- 10:00 AM
- 11:00 AM
- 12:00 PM
- 13:00 PM
- 14:00 PM
- 15:00 PM
- 16:00 PM
- 17:00 PM
- 18:00 PM
- 19:00 PM
- 20:00 PM
- 21:00 PM
- 22:00 PM
- 23:00 PM

DAY 2   /   /   ~   /   /

- 8:00 AM
- 9:00 AM
- 10:00 AM
- 11:00 AM
- 12:00 PM
- 13:00 PM
- 14:00 PM
- 15:00 PM
- 16:00 PM
- 17:00 PM
- 18:00 PM
- 19:00 PM
- 20:00 PM
- 21:00 PM
- 22:00 PM
- 23:00 PM

* 시간별로 계획을 세워보세요.

TRAVEL PLAN
SUMMARY - 어퍼 이스트 사이드

TITLE

- DATE　　　/　　/　~　　/　　/
- CITY
- WITH
- VEHICLE

MUST GO PLACES

-
-
-
-
-
-
-
-
-
-
-
-
-
-
-
-
-
-
-
-
-
-
-
-

STAY

MUST EAT FOODS

MUST GO RESTAURANTS

MUST GO CAFE

MUST BUYING

MUST DO ACTIVITIES

MEMOS

* 지도를 보면서 나만의 여행계획을 만들어 보세요.

P R E V I E W

CHECK LIST - 어퍼 이스트 사이드

TO DO LIST

- ☐ 메트로폴리탄 미술관에서 작품 관람하기
- ☐ 솔로몬 R. 구겐하임 미술관에서 나선형 건축물과 전시 관람하기
- ☐ 우아한 분위기의 5th Ave 거리 산책하기
- ☐ 인스타 감성의 787 Coffee에서 커피 마시기
- ☐ 칼 슈르츠 공원에서 루즈벨트 아일랜드 전망 보며 산책하기
- ☐ Anita La Mamma del Gelato에서 밀크 초콜릿 프레첼 아이스크림 먹기
- ☐ Craig Starr Gallery 전시 관람하기
- ☐ Felice 83에서 파스타와 와인 한잔 곁들이며 식사하기
- ☐ Heidelberg Restaurant 에서 슈니첼 먹기
- ☐ Mark Murray Fine Paintings에 일러스트 작품 관람하기
- ☐ Roosevelt Island Tramway에서 곤돌라 타기
- ☐ Shake Shack Upper East Side에서 머쉬룸 버거 먹기

MUST DO ACTIVITIES LIST

- ☐ 5th Ave 거리 산책
- ☐ 센트럴 파크 동물원 관람
- ☐ 소사이어티 오브 일러스트레이터스 관람
- ☐ 솔로몬 R. 구겐하임 미술관 로이드 라이트의 나선형 건축물 관람
- ☐ 솔로몬 R. 구겐하임 미술관 작품 관람
- ☐ 칼 슈르츠 공원 산책
- ☐ 쿠퍼 휴잇 스미스소니언 디자인 박물관 관람
- ☐ Craig Starr Gallery 전시 관람
- ☐ Mark Murray Fine Paintings 전시 관람하기
- ☐ Roosevelt Island Tramway 곤돌라

MUST BUYING LIST

- ☐ 다크,밀크 초콜릿 커버드 미니 프레첼
- ☐ 클로버 허니 베어 보틀
- ☐ 로투스 비스코프 스프레드
- ☐ 트레이더 조스 에코백
- ☐ 메이플 시럽
- ☐ Hermès 가방
- ☐ 무화과 버터 스프레드
- ☐ Maison Goyard 가방
- ☐ 아몬드 버터
- ☐ Ralph's Coffee 굿즈
- ☐ 애플 에어팟
- ☐ Ralph's Coffee 머그컵
- ☐ 어니언 시즈닝
- ☐ Wrist Aficionado 시계

LANDMARK LIST

- ☐ 787 Coffee
- ☐ 파크 애비뉴
- ☐ 노이에 갤러리
- ☐ Butterfield Market
- ☐ 뉴욕 5번가
- ☐ Cafe Boulud
- ☐ 더 록펠러 대학
- ☐ Craig Starr Gallery
- ☐ 레녹스 힐
- ☐ John Jay Park
- ☐ 루즈벨트 아일랜드 트램
- ☐ Levain Bakery - Upper East Side, NYC
- ☐ 세런디피티 3
- ☐ maman
- ☐ 센트럴 파크 동물원
- ☐ Mark Murray Fine Paintings
- ☐ 소사이어티 오브 일러스트레이터스
- ☐ Mount Vernon Hotel Museum & Garden
- ☐ 솔로몬 R. 구겐하임 미술관
- ☐ Pet Portrait Fun
- ☐ 앤드류 헤스웰 그린 공원
- ☐ Ralph's Coffee
- ☐ 앤드류 헤스웰 그린 도크 공원
- ☐ The Corner Bookstore
- ☐ 요크빌 도서관
- ☐ The Drunken Munkey - UES
- ☐ 칼 슈르츠 공원
- ☐ The Jewish Museum
- ☐ 쿠퍼 휴잇 스미스소니언 디자인 박물관
- ☐ Whole Foods Market

MUST EAT LIST

- ☐ 뉴욕피자
- ☐ 월넛 쿠키
- ☐ 밀크 초콜릿 프레첼
- ☐ 치킨 팜 커들릿 샌드위치
- ☐ 베이컨 치즈 버거
- ☐ 카초 에 페페
- ☐ 벨기에 와플
- ☐ 프로즌 핫 초콜릿
- ☐ 블루베리 머핀
- ☐ 피넛 버터 쿠키
- ☐ 슈니첼
- ☐ maman 페스트리
- ☐ 오리고기 요리
- ☐ Ralph's Coffee 라떼
- ☐ 오믈렛

* 어떻게 여행을 해야하는지 알려드려요.

TIME LINE

SCHEDULE - 어퍼 웨스트 사이드

DAY 1   /   /   ~   /   /

- 8:00 AM
- 9:00 AM
- 10:00 AM
- 11:00 AM
- 12:00 PM
- 13:00 PM
- 14:00 PM
- 15:00 PM
- 16:00 PM
- 17:00 PM
- 18:00 PM
- 19:00 PM
- 20:00 PM
- 21:00 PM
- 22:00 PM
- 23:00 PM

DAY 2   /   /   ~   /   /

- 8:00 AM
- 9:00 AM
- 10:00 AM
- 11:00 AM
- 12:00 PM
- 13:00 PM
- 14:00 PM
- 15:00 PM
- 16:00 PM
- 17:00 PM
- 18:00 PM
- 19:00 PM
- 20:00 PM
- 21:00 PM
- 22:00 PM
- 23:00 PM

* 시간별로 계획을 세워보세요.

TRAVEL PLAN
SUMMARY - 어퍼 웨스트 사이드

TITLE

- DATE   /   /   ~   /   /
- CITY
- WITH
- VEHICLE

MUST GO PLACES

STAY

MUST EAT FOODS

MUST GO RESTAURANTS

MUST GO CAFE

MUST BUYING

MUST DO ACTIVITIES

MEMOS

* 지도를 보면서 나만의 여행계획을 만들어 보세요.

PREVIEW
CHECK LIST - 어퍼 웨스트 사이드

TO DO LIST

- [ ] 뉴욕 3대 베이글 집인 앱솔루트 베이글에서 에그 베이글 먹기
- [ ] 뉴욕 역사 협회 박물관 관람하기
- [ ] 뉴욕에서 가장 아름다운 건물 산 리모를 배경으로 사진 찍기
- [ ] 레드 쉐이드 플라자에서 일몰 보기
- [ ] 리버사이드 파크 사우스 일몰 보며 산책하기
- [ ] 리차드 터커 공원에서 무료 공연 보기
- [ ] 메종 피클 브런치 다이너에서 브런치 먹기
- [ ] 메트로폴리탄 오페라 극장 관람하기
- [ ] 아메리칸 뮤지엄 오브 네츄럴 히스토리 박물관 관람 하기
- [ ] 존레논이 살았던 집 더 다코타앞에서 인증샷 찍기
- [ ] 테오도르 루즈벨트 공원에서 산책하기
- [ ] 피어 뷰에서 허드슨강 전망 보기
- [ ] Friedman's West에서 글루텐 프리 샌드위치 먹기
- [ ] Levain Bakery에서 르뱅 쿠키 먹기
- [ ] Shake Shack Upper West Side에서 햄버거 먹기
- [ ] Smoke Jazz & Supper Club에서 재즈 음악 들으며 라따뚜이 먹기

MUST DO ACTIVITIES LIST

- [ ] 뉴욕 역사 협회 박물관 관람
- [ ] 레드 쉐이드 플라자 일몰 감상
- [ ] 리버사이드 파크 사우스 일몰
- [ ] 링컨센터 야경
- [ ] 메트로폴리탄 오페라 극장 관람
- [ ] 산 리모 쌍둥이 탑 인증샷
- [ ] 아메리칸 뮤지엄 오브 네츄럴 히스토리 관람
- [ ] 워터라인 스퀘어 세일즈 갤러리 피크닉
- [ ] 테오도르 루즈벨트 공원 산책
- [ ] 피어 뷰 허드슨강 산책
- [ ] American Folk Art Museum 전시 관람
- [ ] Smoke Jazz & Supper Club 재즈 공연 관람과 식사

LANDMARK LIST

- [ ] 뉴욕 역사 협회
- [ ] 단테 공원
- [ ] 댐로쉬 공원
- [ ] 더 다코타
- [ ] 데이비드 코크 극장
- [ ] 리버사이드 공원
- [ ] 리차드 터커 공원
- [ ] 링컨 센터
- [ ] 메트로 폴리탄 오페라 극장
- [ ] 산 리모
- [ ] 아메리칸 뮤지엄 오브 네츄럴 히스토리
- [ ] 앤디 케슬러 스케이트 파크
- [ ] 워터라인 스퀘어 세일즈 갤러리
- [ ] 웨스트 사이드 커뮤니티 가든
- [ ] 웨스트 엔드 공원
- [ ] 테오도르 루즈벨트 공원
- [ ] 트레이더 조스
- [ ] 피어 뷰
- [ ] 허드슨 리버 워터프런트 그린웨이 공원
- [ ] American Folk Art Museum
- [ ] Friedman's West
- [ ] Hayden Planetarium
- [ ] Kaufman Music Center
- [ ] Levain Bakery - Upper West Side, NYC
- [ ] Mama's TOO!
- [ ] Nicholas Roerich Museum
- [ ] Shake Shack Upper West Side
- [ ] Target

MUST BUYING LIST

- [ ] 공룡 화석 굿즈
- [ ] 다크밀크 초콜릿 커버드 미니 프레첼
- [ ] 로투스 비스코프 스프레드
- [ ] 메이플 시럽
- [ ] 무화과 버터 스프레드
- [ ] 세포라 화장품
- [ ] 스트랜드 서점 에코백
- [ ] 아몬드 버터
- [ ] 어니언 시즈닝
- [ ] 칙 필레소스 (chick-fil-a sauce)
- [ ] 클로버 허니 베어 보틀
- [ ] 트레이더 조스 에코백

MUST EAT LIST

- [ ] 그릭 샐러드
- [ ] 글루텐 프리 샌드위치
- [ ] 뉴욕 피자
- [ ] 르뱅 쿠키
- [ ] 매운 치킨 비스킷
- [ ] 맥 앤 치즈
- [ ] 스테이크 앤 에그
- [ ] 에그 베이글
- [ ] 에브리띵 베이글
- [ ] 초코칩 월넛 쿠키

* 어떻게 여행을 해야하는지 알려드려요.

TIME LINE
SCHEDULE - 뉴욕 전체

DAY 3   /   /   ~   /   /

8:00 AM
9:00 AM
10:00 AM
11:00 AM
12:00 PM
13:00 PM
14:00 PM
15:00 PM
16:00 PM
17:00 PM
18:00 PM
19:00 PM
20:00 PM
21:00 PM
22:00 PM
23:00 PM

DAY 4   /   /   ~   /   /

8:00 AM
9:00 AM
10:00 AM
11:00 AM
12:00 PM
13:00 PM
14:00 PM
15:00 PM
16:00 PM
17:00 PM
18:00 PM
19:00 PM
20:00 PM
21:00 PM
22:00 PM
23:00 PM

* 시간별로 계획을 세워보세요.

TIME LINE
SCHEDULE - 뉴욕 전체

DAY 1   /   /   ~   /   /

- 8:00 AM
- 9:00 AM
- 10:00 AM
- 11:00 AM
- 12:00 PM
- 13:00 PM
- 14:00 PM
- 15:00 PM
- 16:00 PM
- 17:00 PM
- 18:00 PM
- 19:00 PM
- 20:00 PM
- 21:00 PM
- 22:00 PM
- 23:00 PM

DAY 2   /   /   ~   /   /

- 8:00 AM
- 9:00 AM
- 10:00 AM
- 11:00 AM
- 12:00 PM
- 13:00 PM
- 14:00 PM
- 15:00 PM
- 16:00 PM
- 17:00 PM
- 18:00 PM
- 19:00 PM
- 20:00 PM
- 21:00 PM
- 22:00 PM
- 23:00 PM

* 시간별로 계획을 세워보세요.

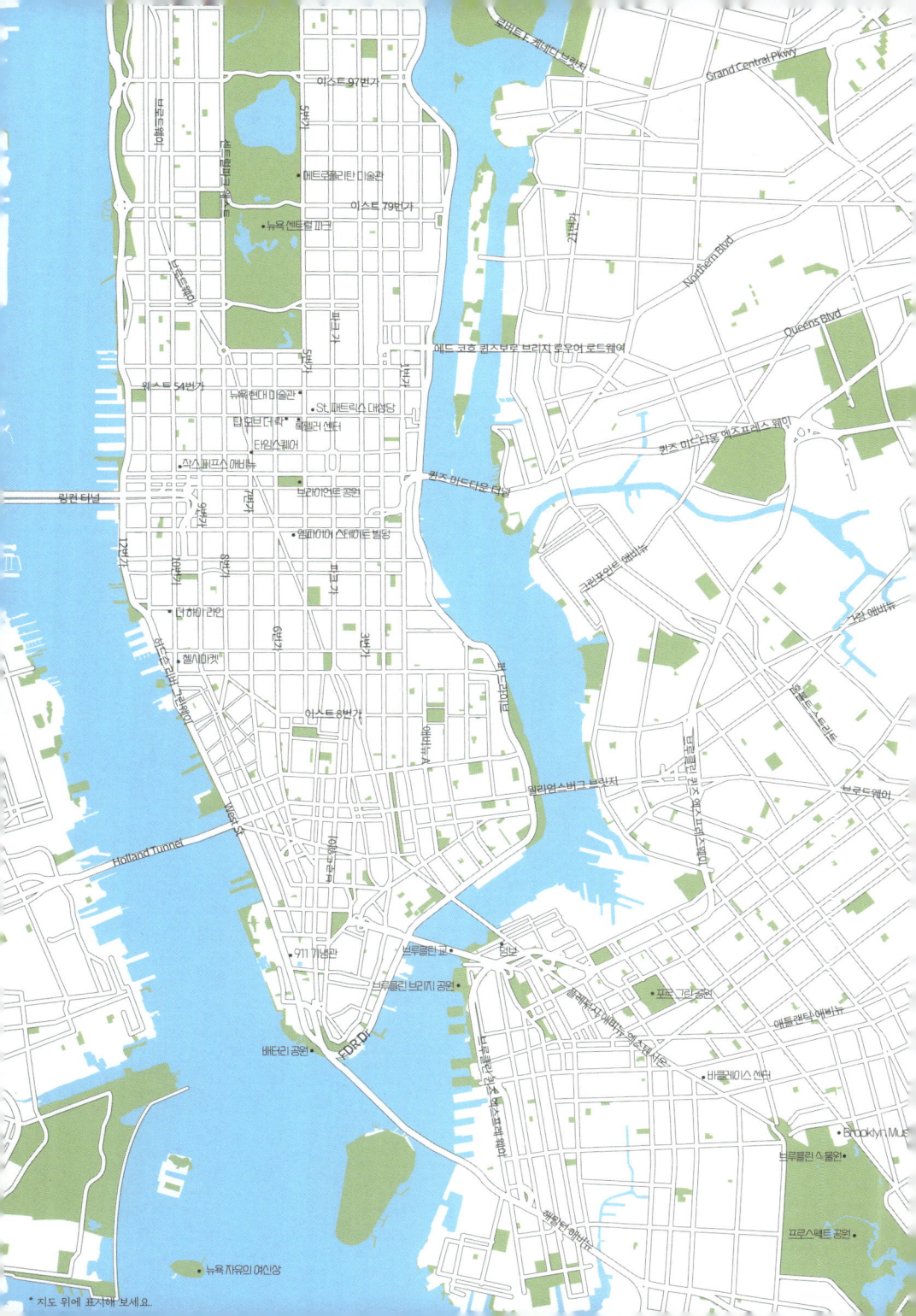

TRAVEL PLAN
SUMMARY - 뉴욕 전체

TITLE

■ DATE   /   /   ~   /   /
■ CITY
■ WITH
■ VEHICLE

MUST GO PLACES
-
-
-
-
-
-
-
-
-
-
-
-
-
-
-
-
-
-
-
-
-
-
-
-
-

STAY

MUST EAT FOODS

MUST GO RESTAURANTS

MUST GO CAFE

MUST BUYING

MUST DO ACTIVITIES

MEMOS

*지도를 보면서 나만의 여행계획을 만들어 보세요.

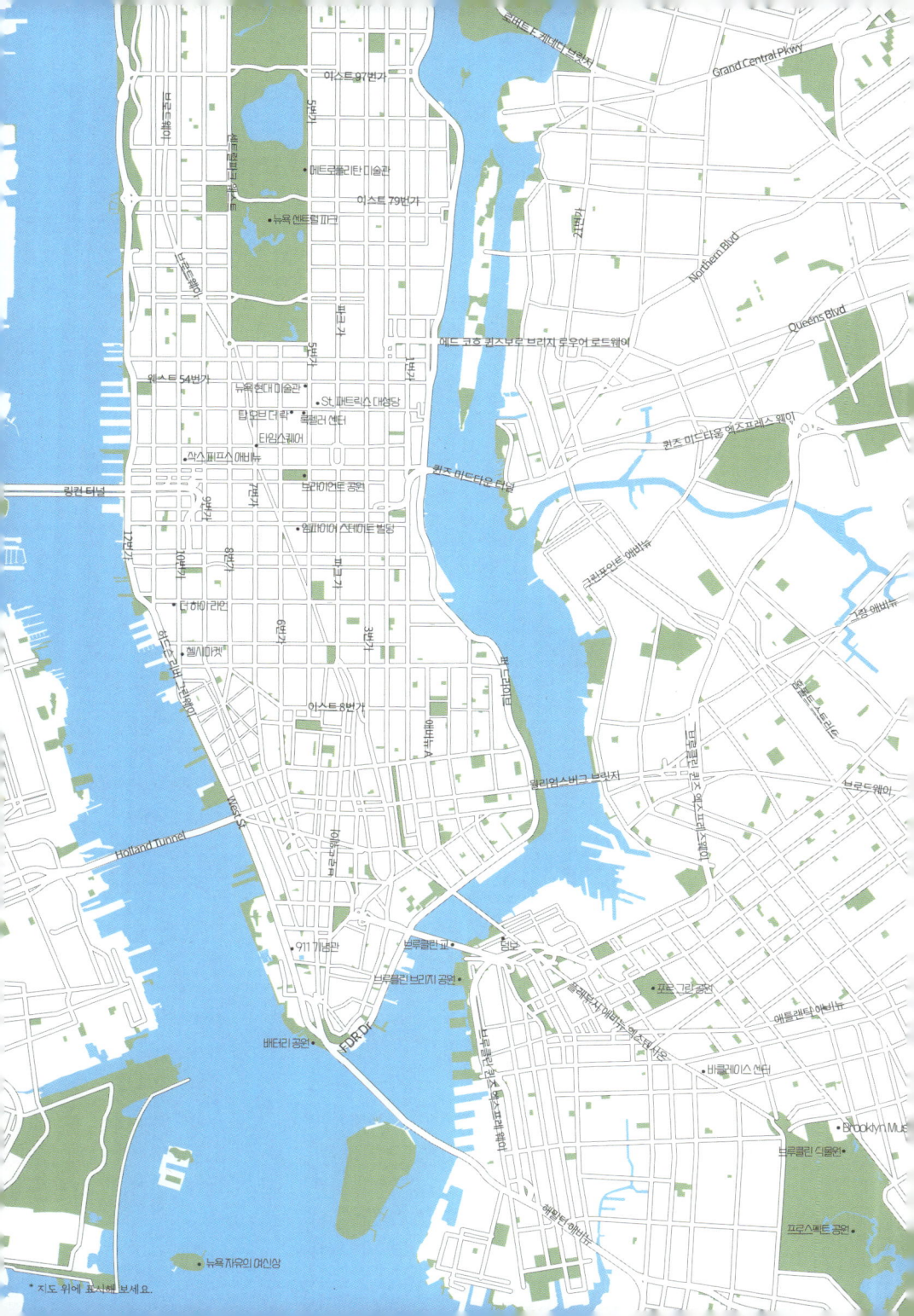

PREVIEW
CHECK LIST - 뉴욕 전체

MUST BUYING LIST

- ☐ 뉴욕 레고샵 마그넷
- ☐ 뉴욕 레고샵 키링
- ☐ 레티놀 크림
- ☐ 메이플 리프 쿠키스
- ☐ 모닝크리스탈 시럽
- ☐ 배스앤 바디웍스 로션
- ☐ 소호거리 의류
- ☐ 슈프림 모자
- ☐ 어니언 솔트
- ☐ 어반아웃피터스 의류
- ☐ 에브리띵 베이글 시즈닝
- ☐ 커피콩 초콜릿
- ☐ 핑크솔트
- ☐ 허쉬's 초콜릿
- ☐ Bagel Chips
- ☐ Blue Bottle 원두
- ☐ Broadway 쇼 굿즈
- ☐ Glossier 화장품
- ☐ Herschel 백팩
- ☐ I ♥NY 티셔츠 및 머그컵
- ☐ La Mer 크림
- ☐ Lululemon 레깅스
- ☐ Mast Chocolate
- ☐ MOMA 뉴욕 현대 미술관 굿즈
- ☐ New York Yankees 모자 및 의류
- ☐ Peanut Butter M&Ms
- ☐ Ray-Ban 선글라스
- ☐ Sephora 한정판 제품
- ☐ Trader Joe's 간식

MUST DO ACTIVITIES LIST

- ☐ 뉴욕 빅 버스 시티 투어
- ☐ 뉴욕 센트럴 파크 인력거 가이드 투어
- ☐ 뉴욕 오픈탑 버스 야간 투어
- ☐ 뉴욕 워터 택시
- ☐ 뉴욕 클래식 스쿠너 세일링 크루즈
- ☐ 뉴욕 헬리콥터 투어
- ☐ 마담 투소 관람
- ☐ 맨해튼 보트 투어
- ☐ 브루클린 양조장 투어
- ☐ 서밋 원 밴더빌트 전망대
- ☐ 센트럴 파크 동물원
- ☐ 윌리엄스버그 거리 아트 투어
- ☐ 자유의 여신상 투어
- ☐ 차이나타운 음식 투어
- ☐ 탑 오브 더 록 전망대

MUST EAT LIST

- ☐ 뉴욕 스타일 프레첼
- ☐ 뉴욕 스타일 피자
- ☐ 뉴욕 치즈 케익
- ☐ 랍스타 비스크
- ☐ 램피
- ☐ 로브스터 롤
- ☐ 맥앤치즈
- ☐ 머쉬룸 피자
- ☐ 바바카낫
- ☐ 버팔로 윙
- ☐ 베이글 & 크림치즈
- ☐ 브루클린 라멘
- ☐ 아보카도 토스트
- ☐ 에그 크림
- ☐ 에스프레소 마티니
- ☐ 이탈리안 히어로 샌드위치
- ☐ 치킨과 와플
- ☐ 크래프트 브루어리
- ☐ 크로넛
- ☐ 타코
- ☐ 파스트라미 샌드위치
- ☐ 팔라펠
- ☐ 펜케이크&오믈렛
- ☐ 피클 백
- ☐ 필레 스테이크
- ☐ 허니케이크
- ☐ BBQ버거
- ☐ Fancy Poke

* 어떻게 여행을 해야하는지 알려드려요.

PREVIEW
CHECK LIST - 뉴욕 전체

TO DO LIST

- [ ] 그리니치 빌리지의 카페와 골목 탐방하기
- [ ] 뉴욕 공립 도서관에서 무료 일일 가이드 투어 하기
- [ ] 뉴욕 수상 택시 타기
- [ ] 뉴욕 최고의 칵테일바 뉴욕 더 데드 래빗 바에서 아이리쉬 칵테일 마시기
- [ ] 뉴욕 현대 미술관에서 피카소, 반 고흐 등 명작 감상하기
- [ ] 덤보에서 건물 사이의 맨해튼 브릿지 촬영하기
- [ ] 록펠러 센터에서 겨울철 아이스링크 즐기기
- [ ] 롬바르디스 피자에서 마르게리타 피자 먹기
- [ ] 리버사이드 파크 사우스 일몰 보며 산책하기
- [ ] 링컨 센터에서 오페라 공연 관람하기
- [ ] 만지면 부자가 된다는 월스트리트 황소 동상 만지기
- [ ] 메디슨 스퀘어 가든에서 농구 경기 보기
- [ ] 메트로폴리탄 미술관 관람하기
- [ ] 미드타운의 5번가에서 쇼핑하기
- [ ] 반스 앤 노블에서 차 한잔 하며 책 쇼핑하기
- [ ] 브로드웨이에서 뮤지컬 관람하기
- [ ] 소호에서 쇼핑하기
- [ ] 솔로몬 R. 구겐하임 미술관에서 전시 관람하기
- [ ] 엠파이어 스테이트 빌딩 전망대에서 시티뷰 보기
- [ ] 월드 트레이드 센터 원의 전망대에서 시티뷰 보기
- [ ] 위대한 유산의 촬영지 톰 프킨스 스퀘어 공원에서 산책하기
- [ ] 인트리피드 시, 에어 & 스페이스 뮤지엄 항공모함 전시 관람하기
- [ ] 자유의 여신상 앞에서 인증샷 찍기
- [ ] 제인스 캐러셀 회전목마 타기
- [ ] 첼시 마켓에서 식사하기
- [ ] 캇치스 델리커테슨에서 샌드위치 먹기
- [ ] 타임스퀘어의 광고가 가득한 밤거리를 촬영하기
- [ ] 탑 오브 더 락 전망대 시티뷰 보기
- [ ] 하이라인 공원의 철로를 걸으며 산책하기
- [ ] 할렘에서 재즈 공연 즐기기
- [ ] Book Club Bar에서 커피 마시며 책 읽기
- [ ] Glide at Brooklyn Bridge Park 아이스링크에서 스케이트 타기
- [ ] Squid Game: The Experience에서 오징어 게임 체험하기

LANDMARK LIST

- [ ] 230 칵테일 루프바
- [ ] 432 파크 에비뉴
- [ ] 911 기념관
- [ ] 거슈윈 극장
- [ ] 국립 수학박물관
- [ ] 뉴욕 도시 센터
- [ ] 뉴욕 증권 거래소
- [ ] 뉴욕 현대 미술관
- [ ] 닐 사이먼 극장
- [ ] 더 씨포트
- [ ] 더 아메리칸 인디언 국립 박물관
- [ ] 덤보
- [ ] 라디오 시티 뮤직 홀
- [ ] 록펠러 공원
- [ ] 록펠러 센터
- [ ] 리버티 공원
- [ ] 리차드 로저스 극장
- [ ] 링컨센터
- [ ] 마제스틱 극장
- [ ] 메디슨 스퀘어 가든
- [ ] 메트로폴리탄 오페라극장
- [ ] 모건 라이브러리 & 뮤지엄
- [ ] 민스코프 극장
- [ ] 배터리 공원
- [ ] 뱅크오브 아메리카 타워
- [ ] 브라이언트 공원
- [ ] 브루클린 교
- [ ] 브룩 필드 플레이스
- [ ] 삭스 피프스 애비뉴
- [ ] 센트럴 파크 동물원
- [ ] 스파이스케이프
- [ ] 시청 공원
- [ ] 아이스크림 박물관
- [ ] 알 허쉬필드 시어터
- [ ] 앰버서더 극장
- [ ] 에식스 마켓
- [ ] 엠파이어 스테이트 빌딩
- [ ] 원 57
- [ ] 원 월드 트레이드 센터
- [ ] 월스트리트 황소 동상
- [ ] 윈터가든 극장
- [ ] 유진 오닐 시어터
- [ ] 임페리얼 시어터
- [ ] 주택 박물관
- [ ] 카네기 홀
- [ ] 캇치스 델리커테슨
- [ ] 캐슬 클린턴 국가 기념물
- [ ] 콜럼버스 서클
- [ ] 콜롬버스 서클의 상점
- [ ] 타임 워너 센터
- [ ] 타임스퀘어
- [ ] 탑 오브 더 락
- [ ] 톰프킨스 스퀘어 공원
- [ ] 트럼프 타워
- [ ] 트레이더 조스 유니온스퀘어점
- [ ] 페더럴 홀
- [ ] 플랫아이언 빌딩
- [ ] 피어17
- [ ] Empire Fulton Ferry State Park
- [ ] Glide at Brooklyn Bridge Park
- [ ] Harry Potter New York
- [ ] St.패트릭스 대성당
- [ ] Strand Book Store
- [ ] The FRIENDS™ Experience: The One in New York City

In case of loss, please return to

....

....

....

As a reward

....

01 에이든 여행지도의 대부분 구성은 좌측에 보는 바와 같이
지도 2장(또는 한장), 맵북, 트래블노트, 깃발스티커
로 이루어져 있습니다.

PACKAGE COMPOSITION

1. 개선문부터 생 루이섬까지, 여행지, 맛집 등 파리 주요지역을 담은 상세 지도 1장(A1 접지)
2. 파리 1구부터 20구까지 한 눈에 볼 수 있게 파리 전체를 담은 지도 1장(A1 접지)
3. 책 형태로 볼 수 있도록 지도를 여러 구도로 잘라내서 만든 맵북 1권(A5 사이즈)
4. 파리 여행 계획을 세울 수 있도록 만들어진 체크리스트와 백지도를 담은 트래블노트 1권
5. 가야 할 곳 또는 가본 곳을 표시 할 수 있는 깃발 스티커 100개 들이 1 세트
6. 1번부터 5번까지 제품들을 깔끔하고 안전하게 담을 수 있는 패키지 케이스

국내를 비롯하여 해외의 여행지도를 제작하는 출판사 타블라라사의 브랜드 "에이든 여행지도" 입니다.

저희 지도는 길 찾는 용도로 만들어진 지도가 아닙니다. 길은 구글지도나 네이버 지도로 찾으시고 **여행지를 전체적으로 살펴보며 계획을 세울 때 그때 활용할 수 있는 지도를 제작했습니다.** 조금 복잡하더라도 요약된 많은 정보를 제공할 수 있다면, 가이드북이나 네이버를 검색하지 않더라도 지도 한 장으로 준비 없이 여행을 떠날 수 있을 것이기 때문입니다.

특정 도시로 여행을 떠나기 전에 어디를 갈지, 뭘 먹을지, 어떤 재미난 액티비티를 할지 찾아보시고 지도에 메모해 두시잖아요? **미리 수천시간 노력해서 다 찾아놓았다!** 라고 생각하시면 될 것 같습니다.

아날로그라고 무시할게 아닌게, 이렇게 방수되는 종이로 아무렇게나 접어서 주머니에 넣을 수 있는 40인치나 되는 플렉시블한 디스플레이는 현재 없습니다! 또한 당분간 개발되지도 못합니다.

"아날로그는 나쁘거나 불편한 것이 아닙니다"

에이든은 디지털 기술을 이용해 최고의 아날로그 여행지도를 만들고 있는 중이며 여행자들의 의견이 넘쳐나는 살아있는 플랫폼으로 가기위해 노력하고 있습니다. 한국인의 특성이 살아 있는 이 지도로 해외시장으로 진출하는 그 과정을 응원해주세요!

02 이렇게 좋은 여행지도 누가 만들었을까요?

17년 경력의 여행콘텐츠 전문가 그룹 에이든

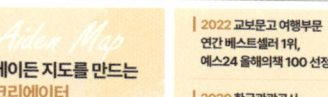

Aiden Map
에이든 지도를 만드는 크리에이터, 우리가 누구냐면요.

Cartographer
지도 제작 전문가
'이정기'

Travel Contents creator
여행 콘텐츠 전문가
'홍경진'

Travel Evangelist
콘텐츠 어반젤리스트
'윤선영'

Map design specialist
지도 베이스 전문가
'김수경'

2022 교보문고 여행부문
연간 베스트셀러 1위,
예스24 올해의책 100 선정

2020 한국관광공사
우수관광벤처 최우수상

2020 한국관광공사
관광벤처 선정,
관광크라우드펀딩 은상

'지도 전문' 에이든
여행지도가 특별한 이유!

압도적인 판매량 1위
한국관광공사 인정!
MBC <선을 넘는 녀석들>
국내 최초 여행지도 제작 및 판매
N사 최초 백까워 등급

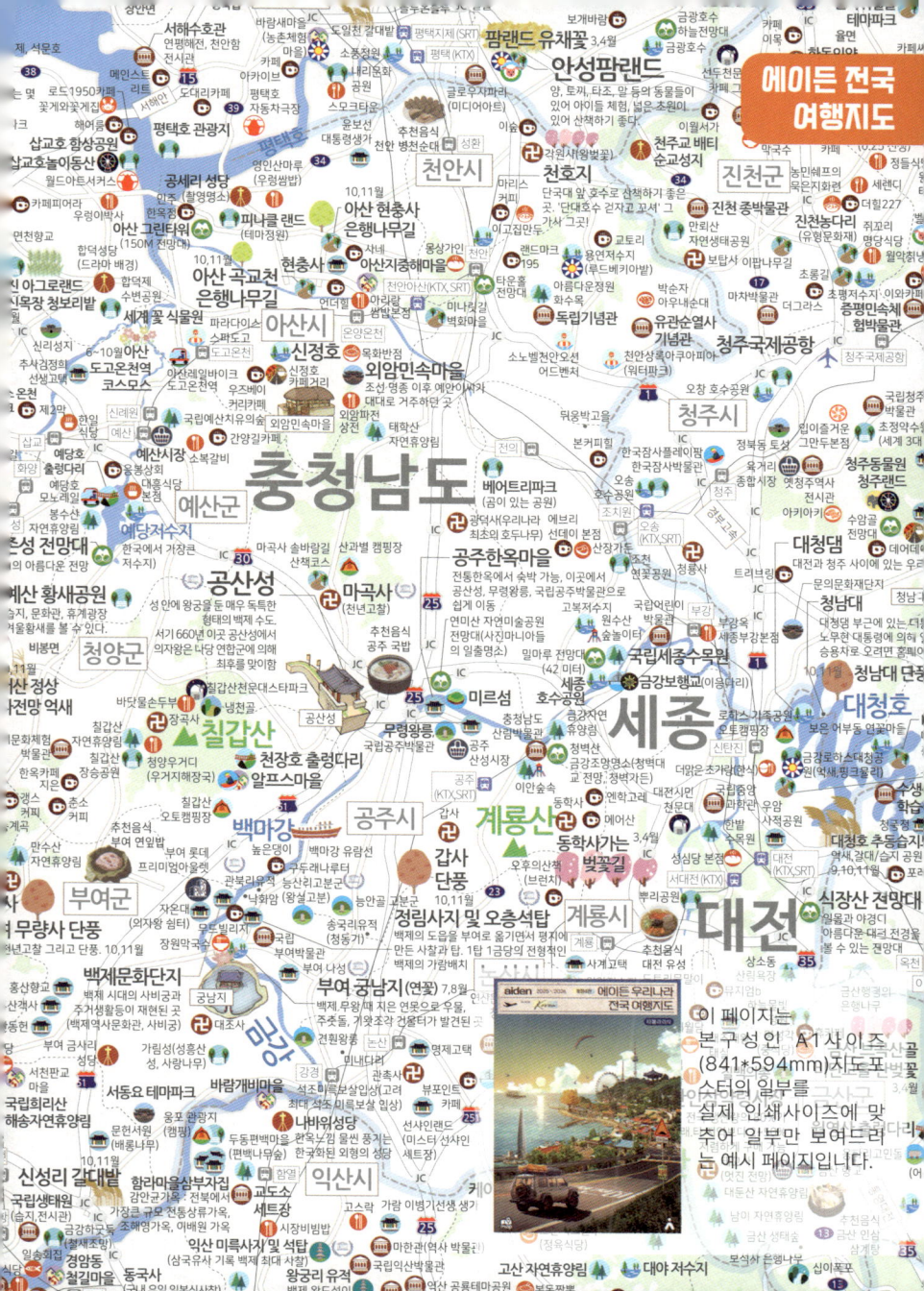

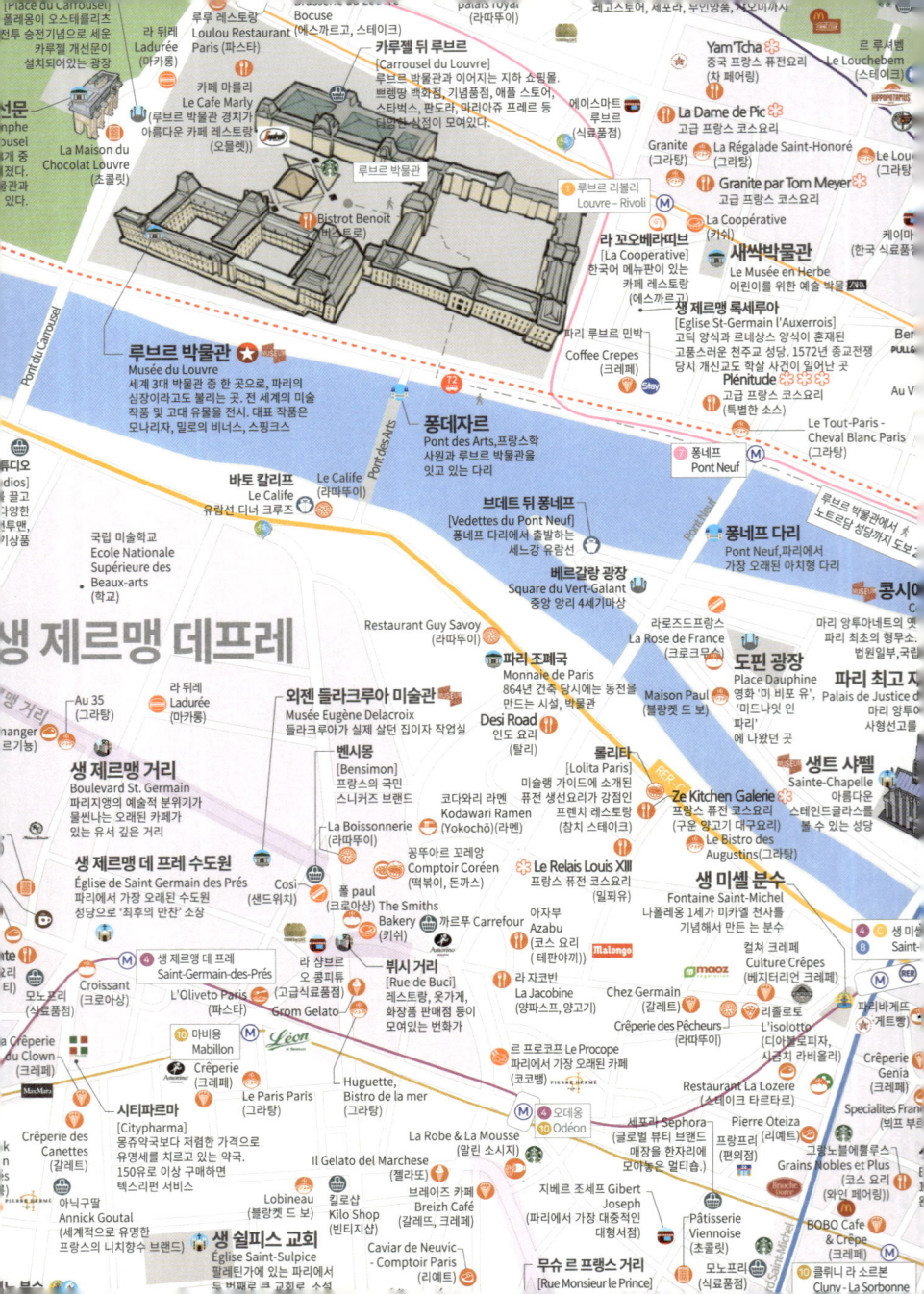

알프레도
[Ristorante Alfredo]
전세계적으로 사랑받는 알프레도 크림소스를 개발한 원조 식당.

칸티나 벨시아나
[Cantina Belsiana]
비교적 합리적인 가격의 와인과 가지 라자냐가 맛있는 곳.

돌체 앤 가바나
Dolce&Gabbana

스페인 광장 ☆
[Piazza di Spagna]
로마에서 제일 유명한 광장. 17세기 스페인 영사관이 있었던 곳. '바르카치아 분수', '스페인 계단', '트리니타 데이 몬테 성당' 등 볼거리가 가득한 장소. '로마의 휴일' 등 많은 영화의 배경이 되기도 했다. 광장에서 유명 명품샵들 콘도티 거리와 이어져 있다.

바빙톤스 티 룸
[BABINGTON'S TEA ROOM]
다채로운 블렌딩으로 유명한 고급 영국식 찻집.

보르살리노
Borsalino

오스테리아 바르트
[Osteria Ba...]
품질 š...
요리를 다양...

페라리 스토어 Ferrari Store

☆ 콘도티 거리
[Via Condotti]
스페인 광장에서 시작하는 명품샵이 모여 있는 거리. 많은 명품 브랜드들이 입점. 골목 사이사이에는 기념품과 다양한 상점이 있어 구경하는 재미가 있다. 여름은 7~8월, 겨울은 1~2월 명품 세일 기간.

TreCaffe - Bistro
[Trecaffè - Via dei due Macelli] 파스타시오 크루아상, 카푸치노가 인기 있는 곳. 아이스아메리카노를 파는 곳

핀코 Pinko

리나센테 로마 트리토네
[Rinascente Roma Tritone]
150년 전통의 럭셔리한 백화점. 구찌, 루이비통, 발렌티노 등 유명 명품 브랜드부터 생활용품까지 다양한 매장과 편의시설 입점 복합몰 7층 루프탑이 인기 야경명소.

에이든 로마 여행지도

☆ 코르소 거리
[Via del Corso]
베네치아 광장부터 포폴로광장까지 로마 중심을 관통하는 최대 번화가. 콘도티 거리와 교차. 디즈니스토어, 망고, 자라 등 중저가 브랜드와 편집샵, 로컬 브랜드 등이 입점, 이탈리아의 패션 트렌드를 엿볼 수 있는 거리. 'SALDI(Sale)'는 보통 20~50% 할인, 상품을 저렴하게 득템할 기회!

디즈니 스토어
[Disney Store]
디즈니 캐릭터들의 피규어, 인형, 옷 등 판매하는 디즈니 장난감 가게

라이프 식당
[Ristorante Life]
랍스터 파스타, 라비올리, 트러플 스테이크가 유명한 고급 레스토랑. 사전 예약 필수.

[Ristorante Crispi 19]
럭셔리한 식사를 할 수 있는 지중해풍 고급 레스토랑

포레오 FOREO

리스토란테 피자 치로 메르세데 거리 점
[Ristorante Pizza Ciro Mercede]
세구세아 파스타로 유명한 맛집. 특히 오일 파스타인 링귀네 알라 치로 추천.

트리토네
[Fontana del...]

바르베리니 광장을 상징하는 분수. 바르베리니 교황을 위해 만들어진 베르니니 분수에서 교황의 삼중관, 성 베드로의 바르베리니 상징 꿀벌 문장을 찾아...

댓츠 아모르
[That's Amore]
현지인과 외국인 관광객이 인기 있는 양이 많은 맛집.

지올리티 알 비카리오 점 ☆
[Giolitti Al Vicario]
로마 젤라또 3대 맛집, 4대째 젤라테리아 운영 하는 곳. 쌀맛 젤라또 추천

벤키
[Venchi Cioccolato e Gelato]
로마 젤라또 5대 맛집, 초콜렛맛 젤라또 추천.

일 키안티
[Il Chianti Vineria]
다양한 와인, 토스카나 지역의 음식, 티라미수가 일품인 곳.

클락스 로마 판테온
[Clarks Roma Pantheon]
부츠, 브로그 슈즈, 샌들, 레이스 업 또는 데저트 부츠 등 다양한 신발을 판매하는 상점

빠네 에 살라미
[Pane e Salame]
5유로대 저렴하고 다양한 파니니를 맛볼 수 있는 곳. 점심시간에는 대기 시간 있음.

☆ 트레비 분수
[Fontana di Trevi]
세갈래 길(Trevia)이 합쳐진다는 뜻을 가진 분수. 1980년, 1990년 유네스코 세계유산으로 지정. 1435년 착공 오랜시간 개축과 증축을 거쳐 1762년 완공된 바로크 양식의 최고 걸작. 개선문을 본뜬 벽화 앞 바다의 신 오케아노스가 가운데 서있고, 양 옆에서 반인반마의 바다의 신 트리톤이 전차를 끄는 모습이 웅장하게 조각되어 있다. 지하철 A선 Barberini 역에서 걸어서 5분. 영화 '로마의 휴일' 촬영 장소.

피자 인 트레비
[Pizza in Trevi]
트레비분수 앞 피자집 버팔로피자, 파스타

퀴리날레 궁전
[Palazzo del Quirinale]
로마의 7개 언덕 중 가장 높은 퀴리날레 언덕에 세워진 오래된 궁전. 현재 이탈리아 대통령 관저로 사용. 매일 오후 3시 근위병 교대식을 관람할 수 있다. 사전 투어를 통해 관람 가능

타짜 도로
[La Casa Del Caffè Tazza D'oro]
한국에도 지점이 있는 전 세계적으로 로스팅 커피로 유명한 카페.

퀴리날레 박물관
[Scuderie del Quirinale]
퀴리날레 궁전 마구간으로 사용되던 곳. 현재 다양한 예술 작품 전시회가 열린다. 로마 전경을 볼 수 있는 가장 높은 뷰포인트.

이코노 이탈리아
[IKONO] 로마 이코노 이탈리아 몰입형 전시회 9개의 객실로 이루어져있고, 그 중 볼풀장이 인기있다.

☆ 산티냐조 디 로욜라 성당
[Chiesa di Sant'Ignazio di Loyola]
예수회 설립자, 종교 개혁의 대항인 이그나티우스를 위해 지어진 성당. 실제보다 3배 높게 보이는 착시효과가 뛰어난 '산티냐조 디 로욜라의 영광' 천장 프레스코화가 유명.

베네치아 궁전
[Palazzo di Venezia]
무솔리니가 집무실로 썼었던 곳. 현재는 르네상스 예술품을 보관한 베네치아 궁전 박물관으로 사용. 한때...

판테온
[Pantheon] 로마 고대 건축의 백미. 1980년, 1990년 유네스코 세계유산 지정. 기원전 27년 아그리파가 로마 시대 모든 신들을 위한 신전(일명 만신전)으로 건설 후 화재로 125년 재건. 19세기까지 '산타 마리아 로툰다 성당'으로 사용된 덕분에 이교도는 낡은 일이 잘 보존된 건축물. 철근을 사용하지 않는 세계에서 가장 거대한 콘크리트 돔이다. 태양을 형상화한 직경 9m에 달하는 천장 개구부(Oculus)는 자연 채광으로 조명 역할과 생각, 통풍의 기능도 수행한다. 내부에는 비토리오 에마누엘2세, 라파엘로 등 유명인사의 납골당이 안치되어 있다. 무료 입장

산타 마리아 소프라 미네르바 성당
[Chiesa di Santa Maria Sopra Minerva]
로마에서 보기 힘든 고딕 건축 양식의 성당. 미네르바 여신 사원의 유적이 있었던 곳. 성 카테리나 등 유명 인사들의 무덤이 있는 장소이기도. 미켈란젤로의 '십자가를 든 예수 그리스도', 베르니니의 '마리아 라지를 위한 기념물'과 종교화를 많은 예술품을 소장한 미술관이라 불린다. 갈릴레오가 종교 재판을 받은 장소로도 유명.

이 페이지는 본 구성인 A1사이즈 (841*594mm) 지도 포스터의 일부를 실제 인쇄사이즈에 맞추어 일부만 보여드리는 예시 페이지입니다.

일 제수 성당
[Chiesa del Gesù]
정식 명칭은 예수의 신성한 이름 교회, 로마 최초의 예수회 성당 본부. 전세계 예수회 성당의 건축학적 모델이 된 곳이다. 이곳의 천장 프레스코화는 화려함의 절정으로

피냐 분수
Fontana della Pigna

트라...
[Foro di T...]
고대 로마...
넓은 규모...
퍼레이드...
터를 앞쪽...

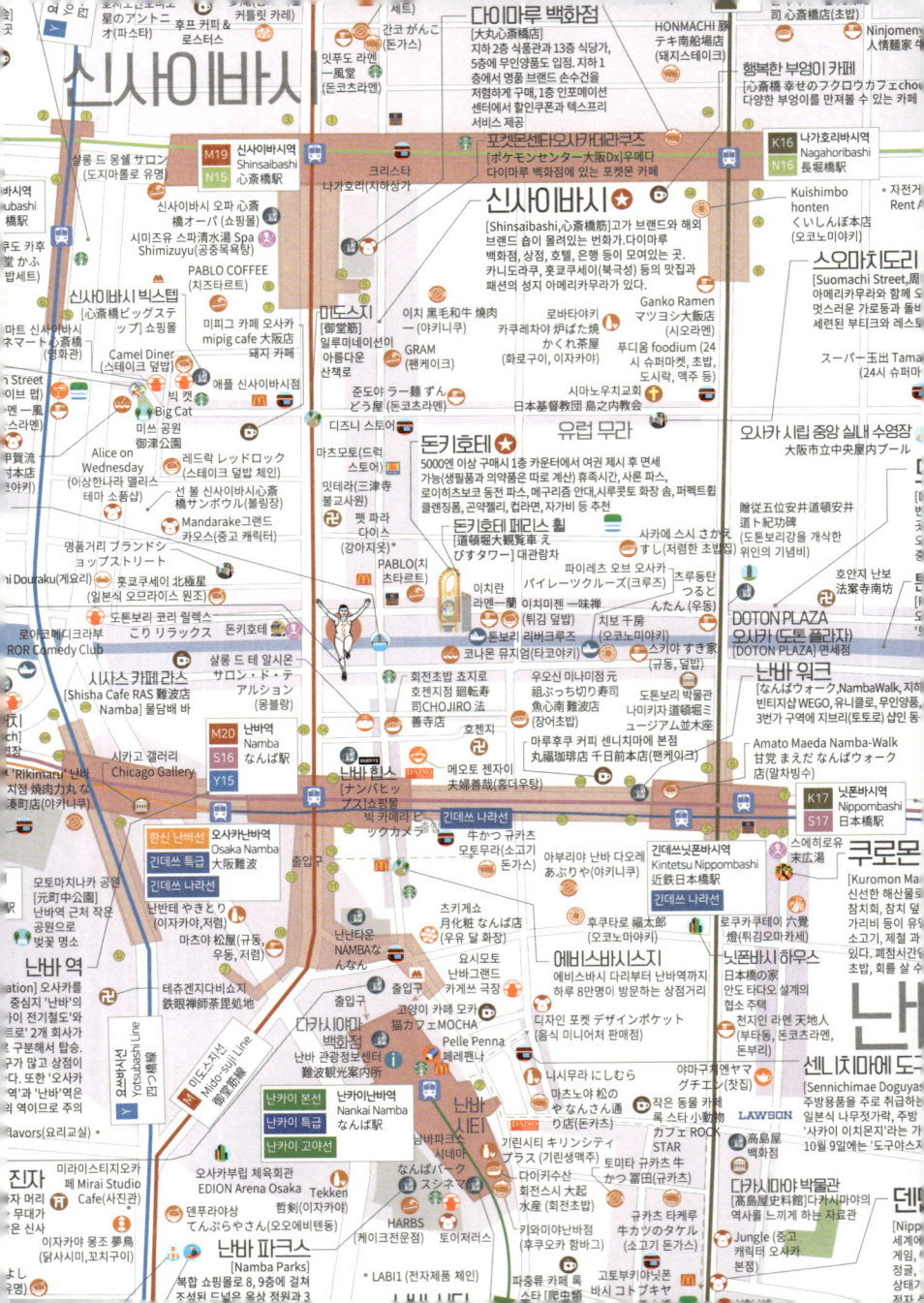

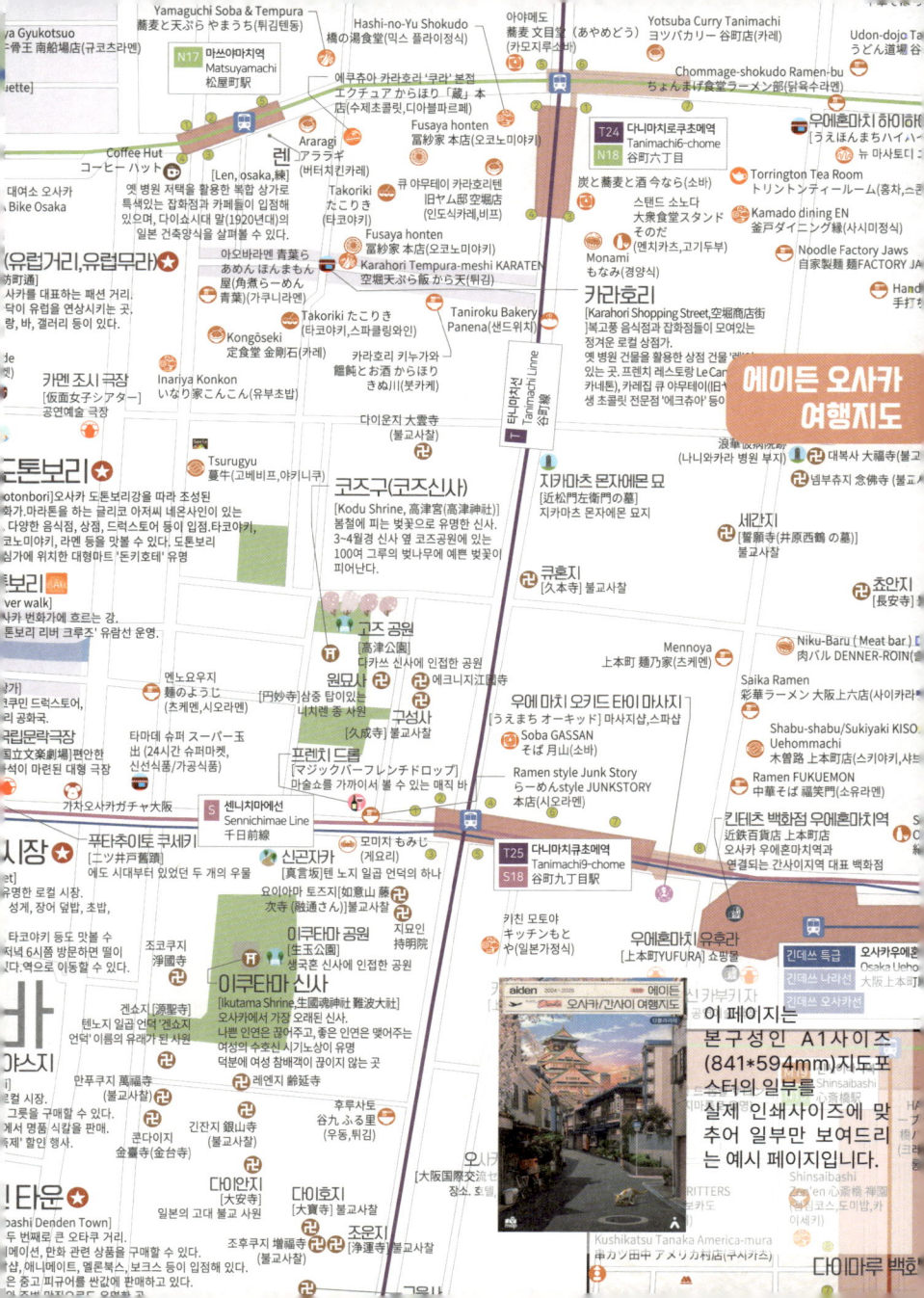

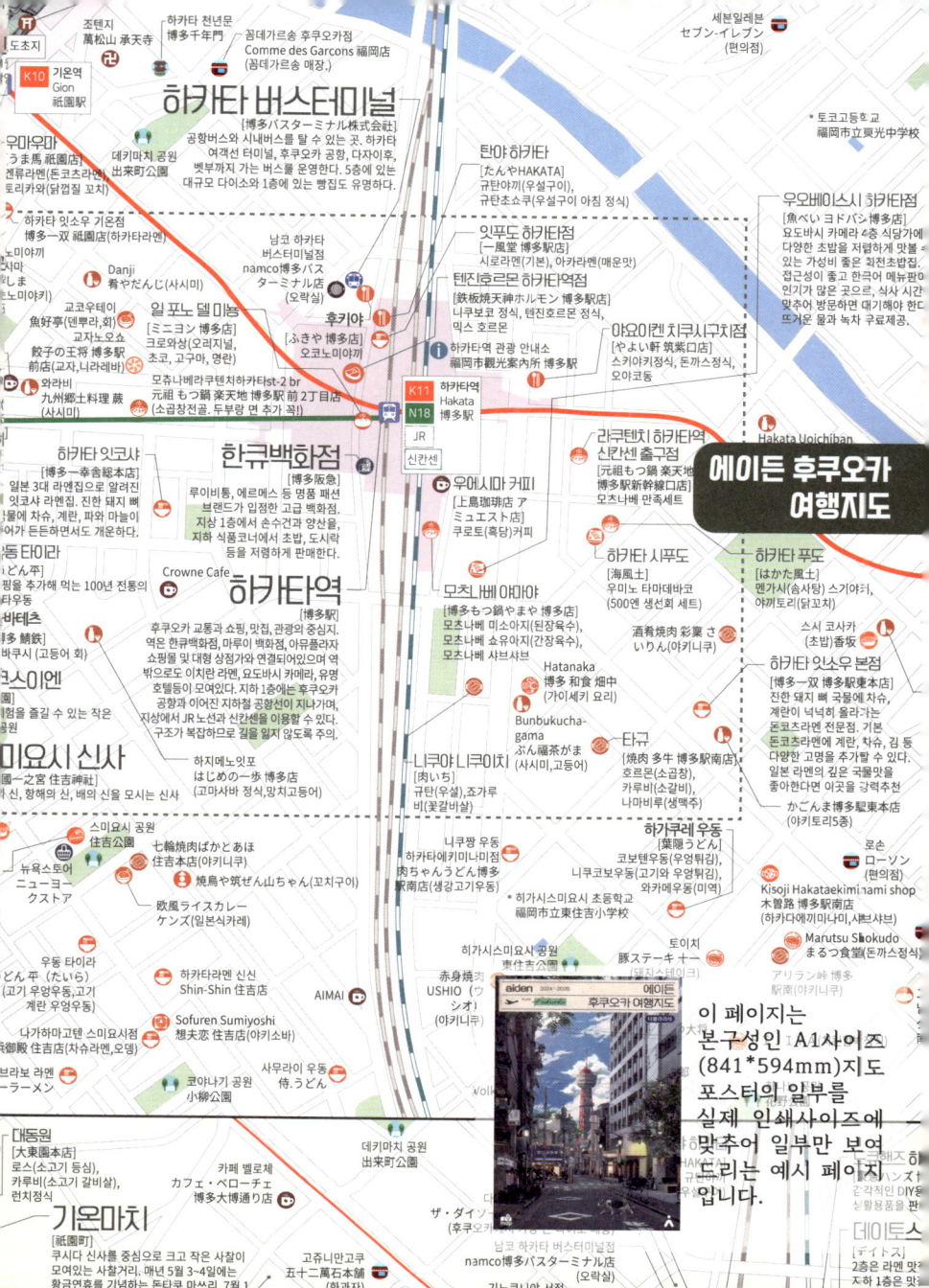

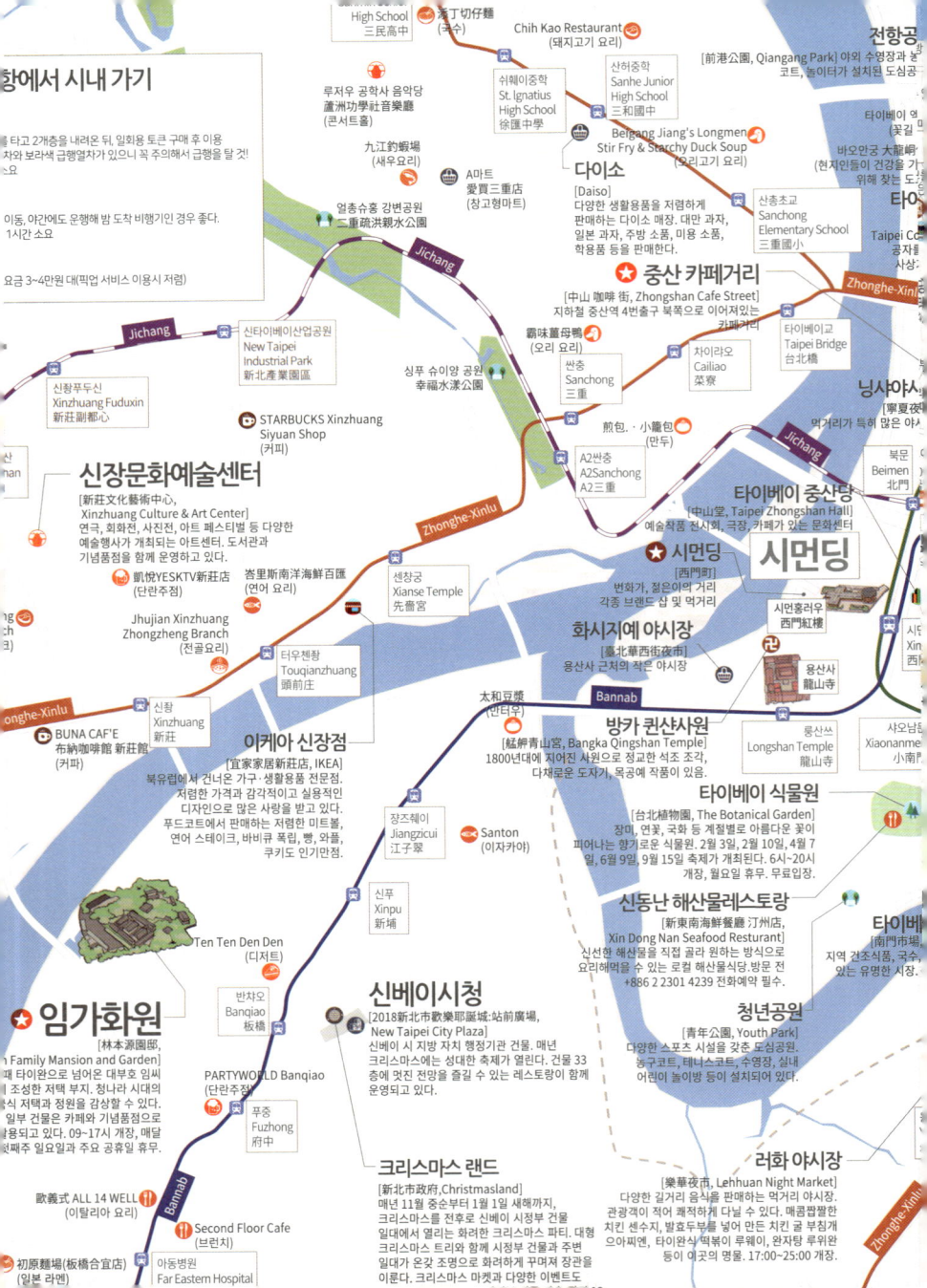